"十三五"国家重点出版物出版规划项目

"一带一路"核心区语言战略研究丛书（第一辑）

邢欣　总主编

"一带一路"中亚留学生
汉语教学理论与实践

梁云　史淑珍　等著

南开大学出版社

天　津

图书在版编目(CIP)数据

"一带一路"中亚留学生汉语教学理论与实践 / 梁
云等著.－天津:南开大学出版社,2019.1
("一带一路"核心区语言战略研究丛书.第一辑)
ISBN 978-7-310-05354-4

Ⅰ.①一… Ⅱ.①梁… Ⅲ.①汉语－对外汉语教学－
教学研究－中亚 Ⅳ.①H195

中国版本图书馆 CIP 数据核字(2017)第 086452 号

"一带一路"中亚留学生汉语教学理论与实践
"YIDAI YILU" ZHONGYA LIUXUESHENG
HANYU JIAOXUE LILUN YU SHIJIAN

南开大学出版社出版发行
出版人:刘运峰
地址:天津市南开区卫津路 94 号 邮政编码:300071
营销部电话:(022)23508339 营销部传真:(022)23508542
http://www.nkup.com.cn

三河市同力彩印有限公司印刷 全国各地新华书店经销
2019 年 1 月第 1 版 2019 年 1 月第 1 次印刷
235×165 毫米 16 开本 14.5 印张 220 千字
定价:78.00 元

如遇图书印装质量问题,请与本社营销部联系调换,电话:(022)23508339

"十三五"国家重点出版物出版规划项目"'一带一路'核心区语言战略研究丛书"结项成果

2017 年度国家出版基金项目"'一带一路'核心区语言战略研究丛书（第一辑）"结项成果

国家语委 2015 年度重大项目"'一带一路'核心区语言战略研究"（ZDA125-24）子课题"'一带一路'核心区对外语言人才培养模式研究"成果

新疆维吾尔自治区普通高等学校人文社会科学重点研究基地"中亚汉语国际教育研究中心"课题"中亚留学生汉语教学理论与实践"（XJEDU040715A02）结题成果

本书作者为"汉语海外传播河南省协同创新中心"的成员

深入语言生活　回答时代提问（代序）

2013 年 9 月与 10 月，习近平主席在出访哈萨克斯坦和印度尼西亚时，提出了"一带一路"倡议，这是中国向世界提出的一个新概念，也是一个涉及国内外的新行动。2015 年 3 月，《推动共建丝绸之路经济带和 21 世纪海上丝绸之路的愿景与行动》发布，"一带一路"的概念逐渐清晰，行动逐渐有序。2017 年 5 月，"一带一路"国际合作高峰论坛在北京举行，"一带一路"建设进入全面推进阶段，并产生了重要的国际影响和国际互动。

"一带一路"倡议首先是经济愿景，但经济愿景也必须与政治、文化、科技等联动并发。"一带一路"倡议不是中国的独角戏，而是互动的，共赢的。在"一带一路"建设推进的过程中，中国将构建全方位开放的新格局，深度融入世界经济体系；同时，它也强调国家间发展规划的相互对接，区域合作、国际合作将得到前所未有的加强，从而惠及他国，造福人类。

"一带一路"需要语言铺路，这已经成为四年多来关于"一带一路"建设的共识。但是，"一带一路"建设中究竟存在哪些语言问题，语言将怎样发挥"铺路"的功能，还是一个具有时代意义的课题，也是一个时代性的提问。邢欣教授主编的"'一带一路'核心区语言战略研究丛书"，正是立时代潮头，得风气之先，在研究这一时代性的课题，在尝试回答这一时代性的提问。

这套丛书有许多特点，最大的特点是其系统性和应用性。所谓系统性，是丛书较为全面地研究了"一带一路"的语言问题，涉及国家语言安全战略、对外语言传播策略、领域语言人才培养模式、媒体传播话语体系建设、语言文化冲突消解策略等话题。可以说，这套丛书已经建构起了语言战略研究的系统的学术网络。所谓应用性，是指丛书从现实入手，收集材料，透彻观察，深入分析，探索最佳发展模式，提出具体解决措施，以求应用于相关政策的制定和相关工作的实施。

能够在如此短暂的时间内，深入实际，发现问题，提出举措，并形成一整套丛书，是与这一研究团队的组成密切相关的。丛书主编邢欣教授，长期在新疆生活和工作，对新疆充满感情，对新疆的语言文字事业充满激情。后来，不管是求学于复旦大学，还是任教于南开大学、中国传媒大学，她都时时不忘新疆，承担了多个有关新疆的语言研究课题。特别是"一带一路"倡议的提出，更是激发了她的研究热情，促使她多次到新疆、到中亚实地调研，有亲身感受，有第一手资料，成为我国研究"一带一路"语言问题的先行者。

丛书各卷作者，有年长者，也有年轻人，但都是"学术老手"，在应用语言学的多个领域有学术根基，有丰富经验。同时，中国传媒大学和新疆大学、新疆师范大学几所高校在媒体传播研究、汉语国际教育等领域有平台优势，与"一带一路"沿线国家有频繁的文化、学术交流。该丛书的研究，也进一步促进了我国与中亚地区的学术合作，产生了较好的学术影响。丛书的这种工作模式是值得赞赏的。

语言学是经验学科，第一手研究资料，对研究对象的亲身感知，都很重要。获取第一手资料，感知研究对象，就必须多做田野工作。当然，不同的语言学科有不同的"田野"，现实语言调查、社会语言实践、古籍文献阅读、语言教学的对比实验、计算语言学的实验室等，都是语言学家的"田野"，都是现实的语言生活。本丛书的学术团队有着强烈的学术使命感，更有良好的学风，到"田野"去，到语言生活中去，去研究国家发展最需要解决的语言问题。这种学术精神，是值得提倡的。

李守明

2018 年 2 月 19 日

农历雨水之日

序

　　"一带一路"倡议提出以来，我国在经济、文化、教育等各领域的相关工作逐渐展开，政策沟通、设施联通、贸易畅通、资金融通、民心相通已经被明确为愿景方略和行动目标。沿线国家和地区也对我国的倡议积极响应，为展开全面合作进行对接。在这一双向交流的过程中产生的语言文化问题，引发了学术界对"一带一路"中语言的重要作用的关注和讨论。

　　邢欣教授主编的"'一带一路'核心区语言战略研究丛书"以学术研究服务国家发展为己任，从语言战略构建的高度，深入研究服务于"一带一路"实施的语言问题，无论于学术还是于社会实践，都具有重要的价值。

　　几年来，在不同场合，邢欣教授都在不断地阐释"'一带一路'核心区"的理念。她认为，"丝绸之路经济带"核心区将在"一带一路"建设中发挥窗口作用。作为重要的交通枢纽、商贸物流和文化科教中心，它涉及的多国家、多语种的语言问题尤为典型。这一判断是基于邢欣教授及其团队的大量调查而形成的。

　　这套丛书提出了以语言服务为主的语言战略新思路，它符合"一带一路"建设的目标和需求，是切实而有远见的。丛书中关注的国际化专业汉语人才培养、媒体报道语言热点等问题，也紧紧扣住了语言服务这一核心点，把握了"一带一路"总体布局下的语言战略问题的脉搏。同时，丛书中包含的旨在促进"民心相通"的留学生的文化碰撞与适应、语言适应和语言传承等研究内容，紧密贴合了"一带一路"的框架思路，表明了丛书作者对语言与国家方略的关系的透彻理解和深刻立意。

　　邢欣教授具有语言本体、民族语言和语言应用等多方面的研究经验，成果丰硕。近年来组织一批语言学、语言规划、语言教育等各方面的专家，就"一带一路"核心区之一——新疆的语言问题进行专门研究，形成了一支有机配合的研究团队，赴多个"一带一路"沿线国家进行了多次调研，组织了多场学术研讨会，陆续发表了一批有重要影响的文章。这套丛书就是在此基础上完成的。

丛书的作者有民族语言学、社会语言学方面的知名学者，有活跃在教学科研第一线的高校骨干教师，也有近几年获取博士学位走上相关岗位的青年新秀。集中多方面研究力量形成的研究成果具有视角新颖、内容丰富、应用性强的特点，将对语言战略研究理论和"一带一路"建设各领域的实践都会产生积极影响。

在这套丛书申请立项过程中，我有幸成为先读者，深为他们的精神所感动。值丛书出版之际，邢欣教授要我写几句话，就有了上面这段文字。

是为序。

2018 年 2 月 25 日

丛书前言

　　"一带一路"倡议是我国政府提出的以经济发展带动世界各国繁荣和谐的新愿景和行动纲领，是"具有原创性、时代性的概念和理论"指导下的治国新理念，具有重大而深远的意义。目前，"一带一路"建设已"逐渐从理念转化为行动，从愿景转变为现实"。截至 2018 年底，全球已有 122个国家和 29 个国际组织积极支持和参与"一带一路"建设，在政策沟通、设施联通、贸易畅通、资金融通、民心相通五个方面全面推进。交流互鉴、合作共赢、共同发展已成为我国与沿线国家的共识，政治互信、经济融合、文化包容的利益共同体、命运共同体和责任共同体正在一步步形成。"一带一路"建设的核心点在各国共建上，而国际上的政治、经济、法律、商贸、文化、教育等交流活动都离不开"语言"这一物质载体，语言成为合作共建、民心相通的关键要素。因此，构建符合时代需求的语言发展战略，成为"一带一路"建设中的基础性工程。

　　"一带一路"倡议提出以来，国内各个领域的相关研究蓬勃开展。从2014 年起，语言学界也逐渐投入到这一研究中来，接连发表了一系列研究成果，提出了许多有建设性的观点和建议。特别是李宇明先生于 2015 年 9月 22 日在《人民日报》上发表的《"一带一路"需要语言铺路》一文，为"一带一路"研究中的语言政策研究提供了依据。从语言学界的研究来看，大家已经基本达成了共识，即"一带一路"建设的顺利进行离不开语言保障，围绕"一带一路"的语言研究势在必行。我们这一研究课题正是产生于"一带一路"建设的大背景下，不是只与语言学相关，而是具有跨学科的性质；其成果也将不仅应用于语言学相关领域，还将与社会各层面相对接。因此，在研究思路上，我们搭建了一个理论与应用相结合的框架。在理论上，解决好语言政策与对外语言传播政策的对接，汉语教学与汉语国际教育语言人才培养政策的对接，以及国家语言安全战略与"一带一路"

语言服务的对接；在应用上，把握服务于语言需求这一主线，在语言人才培养、媒体语言传播、"互联网+"语言公共服务平台建设等方面提供策略建议。在研究方法上，以实地调查为重心，深入调研，充分占有第一手资料。

根据基本的研究框架，我们先后组建了"'一带一路'核心区语言战略研究"课题组和"面向中亚国家的语言需求及语言服务研究"项目组，获得了国家语委重大项目、国家社科基金重点项目，以及新疆大学和中国传媒大学"双一流"大学专项建设资金的支持；同时，规划了预期研究成果，形成了"'一带一路'核心区语言战略研究丛书"。南开大学出版社以该套丛书申报了"十三五"国家重点出版物出版规划项目和2017年度国家出版基金项目，并顺利获批，为丛书的出版和成果的传播提供了保障。

我们希望这套丛书可以实现它的预期价值，主要包括以下几个方面：第一，提出面向"一带一路"沿线国家，以语言服务为主的语言发展战略，为国家语言规划和语言政策的新布局提供理论依据，为"一带一路"语言战略智库建设提供策略建议；第二，丰富和完善语言文化研究的内涵，为对外语言文化交流提供建议，为促进民心相通提供语言服务；第三，研究语言文化冲突消解策略，为"一带一路"建设中潜在的，或可能出现的语言文化冲突提供化解方案，为跨文化交际的研究提供理论和实践的补充；第四，提出满足"一带一路"建设需求的语言人才培养模式和急需人才语言培训模式，为领域汉语教学提供理论依据；第五，为汉语国际传播提供新的思路；第六，在"互联网+"思维下，提出建立语言需求库、人才资源库，以及搭建"语言公共服务+语言咨询服务"平台的理论方案。

在丛书撰写过程中，研究团队的各位作者发挥资源和平台优势，以严谨的科研态度和务实的工作作风开展研究，希望这些成果能经得起实践的检验。我们的研究团队成员主要是新疆大学、新疆师范大学、新疆教育学院、新疆喀什大学等新疆高校的研究者和中国传媒大学的硕士生和博士生，感谢这些高校的大力支持，特别是新疆大学和中国传媒大学的大力支持。在本研究进行过程中，同行专家、各领域相关研究者给予了很多支持、帮助和指导；在实地调研中接受访谈和咨询的中资企业、孔子学院、高校、语言学院、华商协会组织、媒体等相关人员给予了大力配合和宝贵建议，这些都为本研究提供了实施条件和重要启发，在此一并深致谢忱！还要特别感谢李宇明教授、郭熙教授为丛书慨然作序，沈家煊先生在国家出版基金项目申请时对丛书给予肯定和推荐，给了我们莫大的鼓励和支持。最后要感谢南开大学出版社的无私相助，特别是田睿等编辑为本丛书出版殚精竭虑，付出了大量精力和心血，特此表示诚挚的谢意。

　　在编写本套丛书的过程中，我国提出的"一带一路"倡议得到了国际上越来越多国家的响应和支持，"一带一路"建设正在全面而深入地推进。这对语言应用研究提出了更多的课题和更高的要求。服务于"一带一路"建设，服务于国家和社会的发展需求，希望我们的研究能起到一定的积极作用。学术研究服务于社会发展和时代需要，是科研工作者的使命。我们最大的荣幸，是能得到广大读者的反馈和指正，使我们在研究的道路上能循着正确的方向探索，并获得源源的动力，坚持到底。

邢欣

2019 年 1 月

本书前言

随着我国经济、科技、文化产业的不断发展，国防实力的不断提升，以及综合国力、国际地位、国际影响力的提高，汉语和中国文化逐渐吸引了世界人民的目光。特别是孔子学院的开办，愈加为"汉语热"增温。全球首家孔子学院于 2004 年 11 月 21 日在韩国首尔成立，截至 2016 年 11 月，"全球共有 140 个国家开设了 510 家孔子学院，学员总数近 200 万人，其中近 100 万学员是中学生"（郑超，2016）。2015 年，共有来自 202 个国家和地区的 397635 名各类外国留学人员在 31 个省、自治区、直辖市的 811 所高等学校、科研院所和其他教学机构中学习。（刘奕湛，2015）可以看出，汉语教学和中华文化的传播得到了迅速发展。

2005 年 5 月，中亚的第一所孔子学院——乌兹别克斯坦塔什干东方学院孔子学院正式建立。2007 年 11 月吉尔吉斯斯坦国立民族大学孔子学院、2007 年 12 月哈萨克斯坦欧亚大学孔子学院先后建立，2009 年 2 月哈萨克斯坦国立民族大学孔子学院、塔吉克斯坦国立民族大学孔子学院同时开办。截至 2016 年 11 月，中亚共有十余所孔子学院在开展汉语教学与培训，还有几十个孔子课堂在当地的中小学开设了汉语课程，学习汉语的人数不断攀升，逐步掀起中亚各国的汉语学习热潮。

我国与中亚国家及俄罗斯长期保持着睦邻友好关系，并分别建立了战略合作伙伴关系，形成了经济、政治、社会、文化等领域的全方位合作，尤其是我国向西开放战略的实施，使中亚国家分享了中国经济快速发展的外溢效应。

2013 年 9 月，中国国家主席习近平先后对土库曼斯坦、哈萨克斯坦、乌兹别克斯坦、吉尔吉斯斯坦进行国事访问；2014 年 9 月，习近平主席访问塔吉克斯坦；2015 年 5 月习近平主席再访哈萨克斯坦；2016 年 6 月习近平主席出访塞尔维亚、波兰和乌兹别克斯坦。在这一系列的访问中，习近平主席提出共同建设"丝绸之路经济带"的倡议并不断深入推进，推动了我国与中亚国家在经济等方面的合作，同时也在中亚国家再度掀起了学习汉语的热潮。

我国新疆地处亚欧大陆腹地，有 5600 多公里的陆上边境线，周边与俄罗斯、哈萨克斯坦、吉尔吉斯斯坦、塔吉克斯坦、巴基斯坦、蒙古、印度、阿富汗八国接壤，在历史上是古丝绸之路的重要通道，也是第二座"亚欧大陆桥"的必经之地，战略位置十分重要。新疆现有 47 个民族，主要有维吾尔族、汉族、哈萨克族、回族、蒙古族、柯尔克孜族、锡伯族、塔吉克族、乌孜别克族、满族、达斡尔族、塔塔尔族、俄罗斯族等，在我国与中亚国家的交流方面具备地缘优势、语言优势和生活优势，成为中亚留学生留学中国的首选地。另外，新疆还是我国与中亚国家之间经贸合作的重要节点，加之国家对新疆的大力援助，给新疆经济发展注入了新的活力，形成新疆经济的增长点。近年来，新疆交通基础设施建设明显改善，城市面貌和城市功能愈益完善，初显国际商贸城市特征；同时，新疆高校的教育、教学水平大幅度提高，学校环境大为改观。经济发展水平的提高增强了新疆对中亚留学生的感召力，因此，近年来，在新疆来华留学生中，中亚留学生数量占比逐年上升，已高达 70%，显现出新疆独特的中亚留学生教育特点。

2015 年《推动共建丝绸之路经济带和 21 世纪海上丝绸之路的愿景与行动》颁布实施以来，我国与中亚各国在经济上的合作日益密切，政治、军事、教育等方面亦保持合作关系，对语言人才的需求量大、要求高，更急需既具备语言能力又具备专业知识的人才，而无论是语言人才还是专业人才，汉语都是必备的能力，汉语教学也因此显得十分重要。

新疆的留学生教育起步晚，始于 20 世纪 90 年代初。经过 20 多年的发展，新疆的留学生人数已经从个位数上升到目前的每年近万人；学历层次也从最初的语言培训发展到今天的博士教育、硕士教育、本科教育、非学历培训、中小学教育等多层次的教育模式；除汉语外，专业也扩大到历史、文学、经济、法律、教育、地理、生物、旅游、财经等；经费也从单一的自费发展到各类奖学金资助、企业资助、校际交换、自费等多渠道、多来源，如今新疆的留学生教育可以说已经形成了比较完善的教育培养体系。

　　随着来新疆学习汉语的中亚留学生的增多，加强对中亚留学生汉语教学理论与实践的研究就显得尤为重要。我们在教学中发现，中亚留学生与以英语为母语的留学生的汉语教学既有相同之处，也有着不同之处，突出的一点就是中亚留学生的语言背景不同。中亚五国在20世纪90年代初先后宣布独立后，纷纷恢复了主体民族语言的地位，哈萨克语、吉尔吉斯语、塔吉克语、乌兹别克语、土库曼语上升为国语，俄语为官方语或者族际语。这五种主体民族语言里，哈萨克语、吉尔吉斯语、乌兹别克语、土库曼语均属于阿尔泰语系突厥语族，与我国维吾尔语属于同一语族，语法体系基本相同。在中亚国家，俄语的地位虽发生了变化，但仍为通用语。对留学生的汉语教学中，我们以俄语、哈萨克语、维吾尔语等为媒介语进行对比、辅助，教学效果明显。另外，中亚各国的文化习俗与我国新疆维吾尔自治区一些少数民族有相近之处，在进行文化教学时有着自然的亲近感。据此，我们力图通过对现有的对外汉语教学理论进行梳理，将理论与我们经过摸索、探讨、总结的教学实践结合起来，分析提炼出中亚留学生汉语教学的特点，进而指导自治区对外汉语教学更好地开展；在进一步扩大留学生规模的同时，我们注重提高汉语教学质量，不断丰富对外汉语教学理论与实践，同时也希望为同类的汉语教学提供一个参考。

　　本书是新疆维吾尔自治区普通高等学校人文社会科学重点研究基地"中亚汉语国际教育研究中心"的课题"中亚留学生汉语教学理论与实践"（XJEDU040715A02）的结题成果，从课题立项到本书成稿，历经3年时间，经4次修改，课题组成员付出了大量的时间和心血。课题组成员均为多年从事中亚留学生汉语教学的教师，有的在中亚国家从事过汉语教学。他们教学经验丰富，对中亚留学生十分了解，多数有俄语、少数民族语言背景，为本书的撰写奠定了良好的基础。本书由课题主持人梁云教授策划、组织、审稿，课题组成员共同参与完成，其中史淑珍参与了提纲拟定，并完成了绪论部分的撰写；第一章由尹春梅撰写，孔雪晴提供了相关资料；第二章由闫丽完成；第三章由张洁完成；第四章由李雅完成；第五章由刘伟乾完成；第六章由张丽、胡炯梅共同完成；插图由张庆伟提供。在本书完成之际，要感谢课题组成员，大家精诚团结，共同努力，精益求精，反复修改，才换来了今天的成书。在本书完成的过程中，我国新疆维吾尔自治区教育厅、吉尔吉斯斯坦国立民族大学孔子学院、吉尔吉斯斯坦奥什国立大学孔子学院、塔吉克斯坦国立民族大学孔子学院、哈萨克斯坦阿布莱汗国际关系与外国语大学、我国新疆师范大学国际文化交流学院的领导及许许多多的老师都提供了帮助，在此一并致谢！

　　本书是我们对多年面向中亚留学生汉语教学的研究和讨论进行的一次较为系统的梳理的成果。限于我们的能力和水平，不足在所难免，敬请各位同行和有识之士提出宝贵的意见，以便我们更好地开展汉语教学和中国文化教学，培养更多能够为中国与中亚留学生所属国服务的人才，为"一带一路"建设的顺利实施贡献我们的力量。

梁云书于新疆乌鲁木齐国际教育大厦

2018 年 3 月

目　录

绪　论

第一节　对外汉语教学的性质和任务

一、对外汉语教学的性质

从学科归属的角度来划分，对外汉语教学隶属于语言教学，是应用语言学的分支学科之一。

应用语言学主要关注如何应用语言学理论、方法和成果来解释其他领域所遇到的语言问题。应用语言学中得到最充分发展的就是外语教学，某些时候，应用语言学的含义就是外语教学。

应用语言学有两个不同的含义：（1）狭义上指对第二语言教学或外国语教学的研究；（2）广义上指联系实际问题来进行的语言研究和语言学研究，包括词典学、翻译法、言语病理学等。

综上所述，狭义的应用语言学指语言教学，特别是指第二语言教学或外语教学，而对外汉语教学属于应用语言学的一个分支学科。赵金铭（2001）指出，中国的应用语言学（语言教学）有两个分支：汉语教学与外语教学。汉语教学又分为两个部分，第一是汉语作为母语的教学，第二是汉语作为第二语言的教学（包括针对中国少数民族的汉语教学和对外国人的汉语教学）。（周小兵　等，2004）

二、对外汉语教学学科名称的含义及缘由

对外国人的汉语教学，作为应用语言学的分支，其定名主要有对外汉语教学、汉语教学、华语（华文）教学、汉语作为第二语言教学、对外汉语教育学等。

"对外汉语教学"，是目前得到广泛接受和使用的学科名称。这一名称较为科学和全面地反映出此学科的特点和内涵，同时在国外也有广泛的影响，因而自 1982 年提出以来，一直沿用至今。虽然这一名称也有自身的局限性，即强调了教学的对象，而忽视了学科的主要性质，即对外汉语教学

属于第二语言教学。但由于此名称通行范围较广，已被广泛接受，本书也沿用此名称。

"汉语教学"，一般用来指国外的汉语教学。但许多国家对于汉语教学有自己的称呼，例如：日本称为"中国语教学"。"中国语"这三个汉字是日语表示"汉语"的字。美国普遍称为"中文教学"。"汉语教学"的名称则应用于期刊《世界汉语教学》和"国际汉语教学研讨会"，某些国际场合使用这一名称也较多。

"华语教学"（亦称为"华文教学"）这一名称广泛通行于东南亚地区，因为当地华裔较多，也与"中华"相呼应。当地大学亦有华文学院，大多是从属于国务院侨办的大学。

"汉语作为第二语言教学"，常见于科学研究中，既用于国外的汉语教学，有时也用于指称国内针对少数民族展开的汉语教学。

"对外汉语教育学"，由刘珣（2000）提出，侧重"教育"的目的和内涵，也就是要从各个方面培养高素质的汉语人才。

综上所述，本书采用"对外汉语教学"的名称，原因有二：一是突出了教学对象，区别于国内针对少数民族的汉语教学，即教学对象是外国人；二是该名称可涵盖在国外开展的汉语教学。本书涉及的研究对象既包含在国内学习汉语的留学生，也包括在国外学习汉语的学生。

第二节　对外汉语教学的学科建设

一、对外汉语教学与语言学

对外汉语教学作为一门学科，其理论基础首先是语言学，其次是心理学与教育学，同时还有文化学。对外汉语教学是建立在以上学科基础上的一门交叉学科。

语言学以语言为研究对象，对外汉语教学立足于汉语的教与学，两者有着紧密的关联。语言学的研究成果，既有对于语言的普遍性质的共性认识，又有对于某一具体语言的个性参数的说明。前者就是通常所说的普通语言学（也称为理论语言学），后者指具体语言学（如汉语语言学、英语语言学）。普通语言学从宏观的视角出发，探讨语言的本质，揭示语言的规律，从而给语言教学各方面的指导，如教学的性质、目标、原则、方法，同时也是现有各种教学法学派建立的理论基石。具体语言学是对某一语言的基本语言事实的勾勒和描写，对于语言教学的各个环节有着不容忽视的导向作用，如总体设计、教材编写、课程教学等。所以对外汉语教学与普通语言学、具体语言学密不可分。

二、对外汉语教学与心理学

心理学是研究心理现象及其规律的学科，与其他学科都存在联系。相对而言，心理学对于语言学的影响较之于其他学科是比较大的，研究语言教学必定要展开对语言学习者与教授者的心理活动的分析。对外汉语教学作为一门独立的学科，必然要关注教学过程中老师与学生的心理活动的过程及规律，尤其是感觉、知觉、记忆、表象、想象和思维等认知活动和意志活动、情绪活动的一般规律，进而用这些规律来促进对外汉语教学的梳理开展。心理学是对外汉语教学的重要理论支柱之一。目前所有的教学法学派都立足于语言学理论和心理学理论，都从二者取得依据与支持。尤其是伴随着认知心理学的发展，更多的语言教育学工作者和研究者开始认识到心理学对语言教学的重要性。将语言研究与心理研究紧密结合起来，必将对汉语教学起到更为直接的作用。

三、对外汉语教学与教育学

对外汉语教学隶属于语言教育学，语言教育学隶属于教育学。因此对外汉语教学是教育学的分支学科、下位学科，这种直接关系显示出教育学与对外汉语教学之间的紧密联系。

教育学是研究教育规律的科学，其核心构成——教学论，是专门研究教学规律的理论。对外汉语教学作为专门教授汉语的学科，必定要遵循普遍的教育规律和教学规律，并为之提供参考。教育学中的关于教育本质、方针、目的、制度、管理的说明，以及教学论中关于教学过程、原则、内容、方法、手段、组织形式和效果检查的论述，对于第二语言教学和对外汉语教学都具有相应的指导作用。

教育学作为一个基础理论，给对外汉语教学以理论上的启发和帮助，但是不能代替本学科的研究。在具体借鉴与运用教育学的相关理论时，要考虑到对外汉语教学是一种较为特殊的教学活动。第一，学习者是在掌握了一种语言的情况下，开始学习汉语的，其第一语言与汉语之间必然存在一定程度的冲突。第二，对外汉语教学常常是跨越不同国家、不同文化的语言教学，学习场所较为广泛，学习内容也容易受到跨文化交际的冲击。

因此，对外汉语教学更加需要重视教学方法和教育规律，除了具备教学的共同规律之外，还有着自身的特点，需要立足自身，找到规律。同时，其研究成果也是教育学和教学论的有益补充。

四、对外汉语教学与文化学

掌握一种语言，更需要掌握该语言所代表的文化。语言的交际能力，最终体现为跨文化的交际能力。因此，对外汉语教学离不开文化教学，对外汉语教学与文化学紧密相关。目前大家已达成共识，即必须提升语言教学中的文化意识，明确语言教学与文化教学之间的关联、语言教学中文化教学的比重和基本原则。

文化是人类在社会历史发展过程中所创造的物质财富和精神财富的总和，语言是文化的重要组成部分，二者是部分和整体的关系，不可分割。它们都形成于社会发展过程中，都具有民族性、社会性、系统性及不断发展的特点。语言是文化的载体，二者相互促进。要掌握一种文化，必须首先掌握负载此种文化的语言；要学习一种语言，也要学习语言负载的文化。对目的语的文化了解越多，越有利于语言的掌握及交际能力的提高。

第三节 对外汉语教学的发展与现状

我国对外汉语教学始于 20 世纪 50 年代，至今已有 60 多年的历史。

以 1978 年为界可以分为两个阶段，20 世纪 50 年代初至 70 年代末为开创期，80 年代初至今为确立期。半个多世纪以来，随着中国的经济发展和汉语地位的提高，"汉语热"在全世界范围持续升温。在我国政府和社会的大力支持和对外汉语界同人的共同努力下，对外汉语教学不仅作为一项事业，同时也作为一门学科得到了较大发展。

一、历史回顾

（一）初创期

对外汉语教学在中国的发展是相对比较晚的。它是伴随着中华人民共和国的成立，中国对外交流逐渐增多才发展而来的。

1950 年，我国开始与波兰、捷克斯洛伐克、朝鲜等国交换留学生。同年 7 月，清华大学筹建了东欧交换生中国语文专修班，这是我国第一个专门从事对外汉语教学的机构。清华大学教务长、著名物理学家周培源任班主任，该班于 1951 年初正式开始授课，1952 年调整到北大。1953 年，广西桂林为越南留学生开设中国语文专修班。20 世纪 60 年代初，许多非洲国家向我国派遣留学生。同时，我国也曾向越南、匈牙利、保加利亚等国派遣汉语教师任教。因为政治和经济等多方面的原因，那时的对外汉语教学一直属于短期培训的角色。

1962 年到 1965 年，来华留学生达到 3944 名。中国开始注重从汉语和外语两方面培养对外汉语师资，但是由于"文化大革命"的影响而中断。

20 世纪 70 年代初，我国恢复了在联合国的合法席位，日、美等众多国家纷纷与我国建交。对外汉语教学作为一门学科在中国兴起。随后，40 多个国家要求向我国派遣留学生。国内高校也陆续恢复招生。正是在国内外的这种形势下，北京语言学院（今北京语言大学）于 1973 年复校，接着，北京和其他若干省市的高校也先后恢复或开始接收留学生。北京语言学院 1975 年试办，1978 年正式开设了外国留学生的汉语本科教学。留学生教学规模的扩大和本科教学的创建为对外汉语教学的产生打下了良好的基础。

为了交流的便利，由北京语言学院创办的首个对外汉语教学刊物《外国留学生基础汉语教学通讯》于 1965 年问世，使得对外汉语教学事业出现了较为良好的发展态势。

（二）恢复发展期

"文化大革命"结束后，我国各行各业不断走上正轨，经济得到快速发展，我国在世界上的地位不断提高，来华留学生人数逐渐回升。20 世纪 80 年代以来，随着改革开放的推行，更多国家希望了解中国，并由"中国热"引发了"汉语热"，对外汉语教学也迎来了春天：教学点不断增多，层次不断丰富，规模快速扩大，专业教师队伍得到保证，留学生人数较以往增加了 1.4 倍，达到了 13126 名。（刘珣，2000）[43] 许多高校的留学生总数达到了 100 人以上。同时，国外的汉语教学也逐渐受到重视。国家大力支持国外的汉语教学，通过派遣教师、提供教材、建立教学点等方式，不断扩大在国外的汉语教学的影响。

1978 年，北京市的语言学家们以学术的敏感及时发出呼吁："要把对外国人的汉语教学作为一个专门的学科，设立相应的专业，成立专门的研究机构。"（施光亨，1994）但是，这个学科、专业叫什么，当时并没有正式命名。1982 年，中国正式确立"对外汉语教学"这一学科名称。

1987 年，我国成立了"国家对外汉语教学领导小组"，规范了对外汉语教学的管理制度；各高校不同程度地提升了对外汉语教学机构的行政级别；加强了对从教人员的管理和培训，开始进行统一的对外汉语教师资格考试。《中国教育改革和发展纲要》也把对外汉语教学列入规划，强调"要大力加强对外汉语教学"。1989 年，当时国家教委的一项通知中就指出，"发展对外汉语教育事业是一项国家和民族的事业"。（刘珣，2000）[47]

从 20 世纪 90 年代中期开始，除了北京语言大学（时名北京语言文化大学）已建设成为当时中国唯一的一所专门对来华留学生进行汉语和中华文化教育的国际型大学之外，全国已有近 400 所大学开展长、短期的对外汉语教学，甚至某些中等学校也都积极开展了短期的对外汉语教学。除北京语言大学外，像北京大学、北京师范大学、复旦大学、华东师范大学、南京大学等高校，每年在校留学生都在千人以上。

（三）蓬勃发展期

中国对外汉语教学进入 21 世纪之后得到了飞速发展。随着世界逐渐进入信息时代，进入知识经济、经济全球化时代，整个语言科学在 21 世纪的地位也越来越高。由于中国近 20 年来经济突飞猛进地发展，国际地位迅速提升，再加上中国有无比巨大的市场，所以任何类型的国家，不管是发达国家，还是发展中国家，为了和平与发展，为了自身的国家利益，都不能不跟中国打交道。而要跟中国打交道，就不能不要求他们的国人努力学习汉语。

因此，与中国的强势发展相呼应，在全球，汉语热也不断升温，汉语正逐步成为一种强势语言。现在许多欧美国家已将汉语列入高考外语考试任选科目之中。

2004 年，孔子学院应运而生。孔子学院成立后十年间，在美国，12 种外语中汉语是选修人数增加得最快的一个语种，已成为第三大通用外国语；现在已有 800 多所大学设有中文系（所），许多中学也都开设了中文课，有些州（如犹他州）还通过法律规定汉语为中学必修课。法国有近 3 万人学习汉语，人数居欧洲首位，开设汉语专业的大学有 38 所，其他类型高校近 90 所，开设中文课程的中小学数量为 149 所，学生达 8000 人。著名的巴黎东方语言学院在 2004 年招收中文专业学生 2000 人，首次超过日文专业。在亚洲，日本一直是汉语教学最热的一个国家，几乎每个大学都有汉语学科，汉语也已成为中学生高考的可选外语之一；有的学校，汉语已成为外语选课中的第一外语。在韩国，学习汉语的人数超过 100 万，在 300 多所大学中，至今已有三分之二的大学开设了中文课，学习中文的语言学院更是遍布各大城市。韩国已经把汉语水平考试成绩作为许多大企业用人、升职的标准之一。一些著名的韩国企业出于战略考虑越来越重视培养员工的汉语能力。（林华，2009）

法国教育部汉语总督学、法国汉学家白乐桑曾说："2005 年我们有 1.25 万名学生学习汉语，去年（2009 年）增至将近 2.6 万人，今年（2010 年）接近 3 万人（全国学生总人数 530 万）。这使得法国成为欧洲国家中学习汉语学生人数最多的国家。"白乐桑认为，学生选择中文的重要原因之一，是对中国伟大、悠久和充满活力的文化感兴趣。（王乾，2010）

来中国的韩国留学生，截至 2006 年，在数量上已超过日本留学生，越居首位。而在非洲，汉语热也正在兴起，埃及、突尼斯、毛里塔尼亚等国已设四年制中文专业，有的已经开始招收中文专业的硕士生、博士生（陆俭明，2006）。

二、对外汉语教学的发展与现状

从 20 世纪 50 年代至今，我国的对外汉语教学历经 60 多年的摸索与发展，确立了对外汉语教学这一学科，设置了专门机构——国家对外汉语教学领导小组办公室，来具体管理对外汉语教学事业。同时，我们确立了对外汉语教学的从业标准，制定了相应的汉语水平考试，发行了供教研人员进行交流的专业期刊。总之，对外汉语教育事业蓬勃发展。

（一）国家对外汉语教学领导小组办公室

1987 年 7 月，中央批准成立了由 8 个相关部委和北京语言学院组成的"国家对外汉语教学领导小组"，具体负责对外汉语教学的相关工作。日常工作由其常设机构"国家对外汉语教学领导小组办公室"（简称"国家汉办"）负责。国家汉办是教育部直属事业单位，致力于为世界各国提供汉语言文化的教学资源和服务，最大限度地满足海外汉语学习者的需求，为携手发展多元文化，共同建设和谐世界做出贡献。其主要职能是支持各国各级各类教育机构开展汉语教学和中华文化传播，具体有以下七个方面：制定、完善和推广国际汉语教师标准、国际汉语能力标准、国际汉语教学通用课程大纲；选派和培训出国汉语教师和志愿者；开发和实施汉语水平考试；实施"孔子新汉学计划"，支持开展中国研究；组织管理孔子学院奖学金；开展"汉语桥"系列比赛等重要活动；建设国际汉语教学网络、电视、广播立体化平台并提供数字化资源。

（二）孔子学院

"软实力"作为国家综合国力的重要组成部分，特指一个国家依靠政治制度的吸引力、文化价值的感召力和国民形象的亲和力等释放出来的无形影响力。目前，世界各国都很重视软实力建设。例如，德国创办了"歌德学院"，西班牙创建了"塞万提斯学院"，目的是在世界范围内促进相应的语言教学和文化传播。

为加快推动汉语走向世界，提升中国语言文化的影响力，从 2004 年开始，中国在借鉴英、法、德、西等国推广本民族语言经验的基础上，探索在海外设立以教授汉语和传播中国文化为宗旨的非营利性教育机构"孔子学院"。以中国古代伟大思想家、教育家孔子命名的孔子学院，承载着加强中外文化交流、传承中国人民同世界各国人民友谊的美好愿望。

国家把在世界各国建设孔子学院作为一个宣传中国形象、增强国际合作的重要途径，投入了巨大的人力和财力。孔子学院总部/国家汉办做了大量富有成效的工作，使其影响力不断提升。孔子学院在海外的发展一直如火如荼。

从 2004 年世界第一所孔子学院成立至 2013 年 12 月，在全球已经有120 个国家和地区的大学建立了 440 所孔子学院，646 所中小学建立了孔子课堂，注册学员达 85 万人，举办各类文化活动 2 万多场。（刘菲，2013）按照中央要求，孔子学院从语言入手，用文化交融，受到国际社会普遍欢迎，迅速成为加快汉语走向世界、推动中华文化"走出去"的重要平台。

仅仅两年后，数据再刷新高。孔子学院总部/国家汉办统计数据显示，截至 2015 年 12 月 1 日，全球 134 个国家和地区已建立 500 所孔子学院和1000 个孔子课堂。孔子学院设在 125 国共 500 所，其中，亚洲 32 个国家和地区建立孔子学院 110 所，非洲 32 国 46 所，欧洲 40 国 169 所，美洲18 国 157 所，大洋洲 3 国 18 所。孔子课堂设在 72 国共 1000 个（科摩罗、缅甸、马里、突尼斯、瓦努阿图、格林纳达、莱索托、库克群岛以及欧盟只有孔子课堂，没有孔子学院），其中，亚洲 18 国 90 个，非洲 14 国 23个，欧洲 28 国 257 个，美洲 8 国 544 个，大洋洲 4 国 86 个。

根据计划，到 2020 年，孔子学院将在近 500 个世界大型城市设点，基本实现全球布局，进一步推动汉语走向世界。

随着孔子学院的进一步发展，其形式呈现出多元化趋势。除了以汉语言文化推广为主的普通孔子学院之外，各种各样的特色孔子学院也陆续创建，如中医孔子学院、商务孔子学院、旅游孔子学院、音乐孔子学院、舞蹈和表演孔子学院、饮食文化孔子学院、茶文化孔子学院等。特色孔子学院的发展走出了一条推广中华文化的新途径。

2008 年，网络孔子学院（Confucius Institute Online）远程汉语网络教学系统上线，旨在通过"易学汉语"完成对全球汉语学习者、中国文化爱好者的服务，提供汉语和中国文化的学习和辅助学习资源以及远程学习支持服务；通过"易教汉语"完成对全球汉语教师、预备教师、志愿者等的服务，提供职业准入、职业培训、终身学习的培训资源，以及教学辅助支持服务；通过 "易校园" 为全球学汉语、教汉语、说汉语的人以及相关人员提供虚拟社区服务。2010 年，在第十届国际汉语教学讨论会和第五届孔子学院大会上，网络孔子学院以其基于泛在学习的设计理念、专为全球孔子学院研制的教学模式和丰富多样的多种媒体教学资源，受到了与会者的好评。该系统中的教学示范课获得了孔子学院总部/国家汉办颁发的 "创新示范课" 奖。网络孔子学院开通英、法、德、西、日、俄、韩、泰、阿拉伯语等 9 个语种，开展实时互动汉语教学，注册用户覆盖 60 多个国家。网络孔子学院还建立了 "孔子学院数字图书馆"，整合近 20 万种多媒体资源；出版《孔子学院》8 个语种期刊，平均每年 46 期，每期发行量超过 4 万册，覆盖 117 个国家和地区，读者 65 万余人。（孔子学院总部，2014）

　　孔子学院从语言教学入手，经过努力，基本建成从学前教育到大学教育、从短期培训到学历教育的国际汉语教学体系。10 年来，先后共有 10 万名专兼职教师、志愿者和管理人员参与了孔子学院工作。孔子学院为 100 多个国家培训汉语教师 20 万人次；设立 "孔子学院奖学金"，招收 2.5 万人来华攻读学位和研修，着力为各国培养本土汉语教师；编写出版 54 个语种、1300 套多类别的汉语教材。同时，孔子学院以语言为媒，以文化为桥，增进世界各国人民之间的理解和友谊。10 年来，孔子学院举办各种文化交流活动近 10 万场，受众 5000 万人；邀请 120 多个国家的 14 万师生和大学校长等访华；组织 100 多个国家超过 50 万的大中小学生参加 "汉语桥" 比赛；还积极开展中医、武术、烹饪、职业技能培训等特色活动。

　　孔子学院快速发展，已然成为一张闪亮的中国名片，被誉为 "迄今中国出口的最好最妙的文化产品"。

　　孔子学院实现跨越式发展绝非偶然，而是国内、国际政治、经济、文化、社会等诸多因素综合作用的结果。进入 21 世纪以来，我国经济实力增强、政治影响扩大、国际地位提高，"中国道路" "中国模式" 的影响力和辐射力显著增强。世界各国普遍看好中国的发展前景，国际社会对中国的兴趣也越来越浓，更加重视与中国开展全方位交流与合作，汉语在国际政治、经济、文化交流过程中的作用日益凸显，文化价值和实用价值不断提升，成为极具上升空间的国际性语言，国际社会学习汉语的需求越来越大，形成了前所未有的 "中国热" "汉语热"。

　　党的十八大以来，党中央、国务院更加重视孔子学院工作，党和国家领导人利用出访机会，出席孔子学院活动 260 多次，与师生亲切互动，树立了良好的公众形象。习近平主席在出访南非、特立尼达和多巴哥、乌兹别克斯坦、印度尼西亚期间，以及在巴林国王、巴基斯坦总统访华期间，多次见证孔子学院协议签署或出席有关活动。习近平主席于 2013 年 5 月亲笔致信祝贺美国加州大学戴维斯分校孔子学院成立；2014 年 3 月访问德国期间，又专门与孔子学院师生代表和汉学家座谈，指出要"进一步发挥孔子学院作用，加大语言交流合作和中西方比较研究"。李克强总理等国家领导人也利用出访和会见各国政要的机会，多次见证孔子学院协议签署和出席有关活动，极大提升了孔子学院的影响力，鼓舞了各国孔子学院（课堂）的士气。

　　2013 年，国务院办公厅对外发布《孔子学院发展规划（2012—2020年）》，为孔子学院可持续发展提供了有力保障，在国内外产生了很好的影响。（孔子学院总部，2014）

　　俄罗斯总统普京、时任英国首相卡梅伦、时任联合国秘书长潘基文、时任欧盟主席范龙佩、时任巴西总统罗塞夫等 100 多位各国及国际组织领导人出席孔子学院活动。曾任英国文化委员会首席执行官的马丁和歌德学院主席雷曼都曾指出，孔子学院仅用短短几年的时间，就走完了英、法、德、西等国语言推广机构几十年甚至上百年的路，如同中国经济发展一样，堪称世界奇迹。美国布鲁金斯学会主席约翰桑顿说，孔子学院坚持这样办下去，30 年不动摇，世界将会大变样。

　　孔子学院建设 10 年来，全国各级各类学校共选派 5 万名多教师和志愿者赴海外承担汉语教学、中国文化传播任务。通过"走出去""请进来"等多种方式，孔子学院共为 80 多个国家培训汉语教师 11 万人次；设立了"孔子学院奖学金"，招收 110 多个国家 2 万多人次来华攻读学位，培养本土师资；出版 45 个语种对照的核心教材，并向俄罗斯、西班牙、日本等30 个国家转让教材版权 100 多种，实现了在这些国家本土出版发行教材；向136 个国家配送和销售教材图书1200 多万册，努力提高教材全球覆盖面；将 50 种纸质教材动漫化，支持各国孔子学院编写本土教材。同时，孔子学院积极开展中外人文交流，邀请主管汉语教学的 6.5 万名各国教育官员及大、中、小学师生访华，亲身体验当代中国和中华文化。

在孔子学院的带动和影响下，全球学习汉语的人数快速攀升至 1 亿人。其中，美国学习汉语人数超过 280 万人，汉语成为仅次于西班牙语的第二大外语；英国有 5200 多所中小学开设汉语课，学生达 20 万人；法国中小学学汉语人数年增长 40%；德国学习汉语人数在 5 年内增长了 10 倍；泰国有 1700 多所中小学开设汉语课程，学生超过 80 万人。韩国、澳大利亚、印尼等国汉语由第三外语上升为第二外语。已有包括美、英、法、日、韩等 48 个国家将汉语教学纳入国民教育体系。许多华人华侨把孔子学院作为下一代学习祖国语言文化的重要场所，经常参加活动。孔子学院成为他们了解祖国、维系民族情感的纽带。孔子学院贴近各国民众的思维和习惯，因地制宜、灵活多样地传播中国语言文化，在当地站稳了脚跟。美国、喀麦隆、蒙古等多国政府授予勋章或颁发证书，表彰汉语教师和志愿者。奥地利 2 次专门发行"孔子学院"邮票。经过 10 年的发展，孔子学院在各国的认可度越来越高，杂音越来越少，已走上良性循环的道路，外国媒体纷纷积极报道孔子学院，《纽约时报》《泰晤士报》等著名媒体发表评论，称孔子学院是迄今中国出口的最好最妙的文化产品。目前，还有 70 个国家 400 多所大学强烈要求开办孔子学院。（孔子学院总部，2014）

实践充分证明，孔子学院的建设和发展，有助于提高我国文化开放水平，扩大中华文化在国际上的感召力和影响力；有助于展现社会主义中国繁荣、民主、文明、和谐的良好形象，加强我国国际传播能力和对外话语体系建设；有助于广交朋友，深交朋友，培养知华、友华、亲华的美好情感，巩固中外合作的民意基础和社会基础；有助于保持旺盛的中华文化生命力，促进自身文化建设的创新和发展。孔子学院是中华文化"走出去"、开展公共外交和人文交流的成功范例。孔子学院以开放包容的心态展示"和而不同"的文化追求，这恰是解决当今世界很多难题所需要的思想基础。

孔子学院的创办，架起了中外语言文化沟通理解的桥梁，形成共建、共有、共管、共享的国际教育交流合作体系，为促进多元文化的交流交融、各国人民的心灵沟通做出了重要贡献。在全球化背景下，世界各国利益交融、兴衰相伴、安危与共，成为你中有我、我中有你的利益共同体和命运共同体，加强人文交流、促进文明互鉴的潮流势不可挡。孔子学院属于中国，也属于世界。新的十年，孔子学院的发展要注重提升质量、服务需求、紧密合作、互利共赢；要积极推进本土化，丰富交流形式，打通中华文化与世界优秀文化互学互鉴的通道；创新办学模式，推进教师、教材、教法改革；充分发挥学校、社会、政府等各方面作用，保持长期稳定持续发展。

（三）师资培养与从业标准

对外汉语教学发展初期，从业教师大多是高校中文系毕业的学生。后来，对专业教师加强了外语方面的培训。进入 20 世纪 80 年代，随着对外汉语教学实践和理论研究的逐步展开，培养本学科需要的专门人才迫在眉睫。

1983 年，北京语言学院开设对外汉语教学本科专业；1986 年，北京语言学院和北京大学开始招收设在现代汉语专业下的对外汉语教学方向的硕士研究生；1997 年，北京语言文化大学开始招收对外汉语教学方向的博士研究生。其他各高校也都积极参与到这一学科的建设当中，陆续开始招收各个层次的对外汉语专业的学生。至此，这一学科确立了面向培养对外汉语教学师资的完整的学历教育体系。目前，国内条件成熟的高校大都成立了专门从事留学生汉语教学的学院，对外汉语本科生一般在该学院进行培养，部分硕士和博士也包含在内，这不论从专业知识角度还是从教学实践角度考虑，都是非常合理的。当然，也有部分高校的本科生、硕士生、博士生不在同一学院培养。

除此之外，国家汉办制定了对外汉语教师资格的认定标准。为了提高国际汉语教师的专业素质和教学水平，培养、培训一大批合格的汉语教师以满足世界各地日益增长的汉语学习需求，国家汉办组织制定了《国际汉语教师标准》。《国际汉语教师标准》是对从事国际汉语教学工作的教师所应具备的知识、能力和素质的全面描述，旨在建立一套完善、科学、规范的教师标准体系，为国际汉语教师的培养、培训、能力评价和资格认证提供依据。

（四）汉语水平考试

为适应世界各地汉语学习者对汉语考试的需求，国家汉办自 1990 年起，先后研发并实施了汉语水平考试（HSK）、汉语水平口语考试（HSKK）、中小学生汉语考试（YCT）、商务汉语考试（BCT）和孔子学院/课堂测试

（HSKE）等多种汉语考试，为汉语学习者测试学习成绩、留学中国、申请来华留学奖学金、学校开展教学评估以及用人单位员工招聘和晋升等提供客观有效的测试标准。根据国家汉办统计，截至 2013 年底，全球共有汉语考试考点 860 个，其中海外考点 530 个，分布于 112 个国家；国内考点 330 个，分布于 71 个城市。2013 年，全球共有 500 万人参加由孔子学院总部/国家汉办举办的各类汉语考试。

（五）专业期刊

1979 年 9 月，原来属于北京语言学院内部刊物的《语言教学与研究》以季刊形式正式出版，这是首个对外汉语教学的专业刊物；1987 年，《世界汉语教学》转为世界汉语教学学会的会刊。此外，下属国家语言文字工作委员会的《语言文字应用》和延边大学创办的《汉语学习》等学刊都开辟了汉语教学与研究的专栏。很多大学学报都不定期地出版发行对外汉语教学专刊，南开大学、北京大学、人民大学等高校还经常出版关于对外汉语教学研究的专辑，《云南师范大学学报》有专门的对外汉语教学版。这些期刊与专辑给对外汉语教学的从业人员搭建了很好的交流平台。

三、存在的问题

虽然全球"汉语热"一浪高过一浪，但有些只是表面现象，如果冷静观察，我们就会发现，中国对外汉语推广之路存在重重障碍，与英语等强势语言相比，汉语在世界各大语言中仍处于弱势。美国卡尔顿大学亚洲语言文学系教授赵启光对此曾做出形象的比喻："很多美国人对中国的印象只有 3 个：长城、妇女的裹脚和大熊猫。而随便在大学校园里走走，就能看到晨读的学生在攻读（美国等国家）研究生入学资格考试（GRE）或托福（TOEFL）。这说明汉语在国际交流中存在着巨大的'贸易逆差'！"（红娟，2006）

中国的对外汉语教育，尤其是汉语在国外的推广存在着很多困难：一方面是汉语本身学习起来难度很大；另一方面，由于师资的缺乏，海外汉语考试中心不普及等原因，导致很多外国学生放弃学习汉语，甚至放弃了来中国留学。

据相关专家的研究，目前对外汉语教学中主要存在以下四个方面的问题。

第一，认识问题。部分学校开展对外汉语教学，主要是因为留学生教育可以为学校带来可观的收入，对于对外汉语教学的深层意义没有足够的认识。

第二，大多数学校的中层领导和从事对外汉语教学的教师，不注重对外汉语教学的学科理论建设；未联合不同学科的力量来为建设对外汉语教学学科服务。不少来自文学、历史、外语、哲学等学科的教师，他们从事对外汉语教学，却很少考虑将自己的学科知识跟对外汉语教学紧密地结合起来。

第三，有些学校所编教材随意性比较大，缺乏科学性，而目前又缺乏统一的规范或标准。

第四，缺乏合格的对外汉语教师，这是最重要的因素。部分高校盲目扩招，师资不够就补充研究生，甚至一般行政人员都进入教师队伍，使得对外汉语教学水平参差不齐。一些发达国家在做语言推广工作时，有专门的机构负责给予人力、物力、财力的支持，在国内扶持和建立占主导地位的语言教育机构，在世界各地建立语言的分支机构；通过语言的推广，增进世界各国的融合和良性互动。

为使我国的对外汉语教学成为整体力量，提高核心竞争力，国家有关部门已经采取了一系列的措施，如建立对外汉语教学基地，启动"汉语桥"工程，在海外建立孔子学院等，都取得了一定的成效。

让汉语真正走向世界，除了加大政策、资金扶持力度之外，笔者认为对外汉语教育应做好以下几项工作：一是确立语言也是文化资源的观念，注意保护和开发本土语言资源；二是增加汉语教学的学科意识，注重汉语学科教学的理论建设和整体建设；三是加快对外汉语师资培养的力度，注重培养质量，使对外汉语师资不仅在数量上有保证，在质量上更有保证，这样才能更好地推动对外汉语教学持续、健康的发展，满足世界各国对汉语学习的需求；四是做好汉语教学的基础性工作，研发高质量的系列教材和科学的教学方法，确保对外汉语教学质量不断提高；五要加强国内外的学术交流与合作，尤其是在科学研究和教材编写等方面，需要进行双边、多边的合作，取长补短、共同发展。

我们可以预见，随着中国的强势发展和经济全球化加快发展，中国必然会更快更深地融入世界。而语言作为一种文化资源，会将中国文化推向世界，通过对外汉语教学能进一步建造起一座宽阔的中外经济文化交流和人民交往的桥梁。

四、前景展望

(一)"汉语热"的动因

随着中国实力的增强和影响的扩大，全球范围内学习汉语的人数快速增长。经济的全球化进一步促进世界范围内各种文化的交流和融合。随着中国经济的持续发展，特别是中国加入世贸组织，越来越多的海外投资者看上了中国这个巨大的市场，一些工商界人士也随着资本来到中国。可以说，中国经济的良性发展是"汉语热"最重要的催化剂。同时，中国社会政治稳定，除了经济上的奇迹以外，社会主义的政治制度与世界上许多国家都不同，这对于一些汉语学习者来说也是一种吸引力。一些人出于希望了解中国社会的目的，开始萌生学习汉语的愿望。此外，文化的力量也不容小觑。中国是一个文明古国，有悠久的历史和灿烂文化。文化的力量会吸引一些人到中国来，或者短期访问，或者长期居留，有些人甚至和中国人通婚并长期定居下来。在欧美的一些大学也开始成立中国研究中心，对中国的历史、文化、政治、经济、哲学、文学艺术、语言进行专门的研究，而汉语学习是一个必经的阶段。还有一个不可忽视的原因，中华民族的子孙分布在世界的每一个角落，有华人生活的地方就会有华侨子弟学校，华人家长希望自己的孩子不忘祖宗，希望他们的后代能够与祖国保持血脉联系，因此许多华侨子女也在学习汉语，这对全球范围内的"汉语热"亦起到了推动作用。

(二)地域发展特色

目前来看，对外汉语教学的发展速度较快，主要体现在学习人数、教学规模、师资队伍，以及教材编写等方面。同时，教学模式、教学思维及教学方法都有了新理念，研究成果更好地体现了学科特色和地域特色，国家级的科研规划中给予了对外汉语教学更多的重视。

自习近平主席提出"一带一路"倡议以来，世界上许多国家都开始积极响应，这必然使"汉语热"进一步升温。我国新疆维吾尔自治区作为"一带一路"中的重要一环，汉语人才的培养前景广阔，任务艰巨。新疆维吾尔自治区毗邻中亚，中亚诸国的学生更倾向于来新疆学习汉语，因为新疆的少数民族学生与中亚各国的学生在语言、饮食、宗教和生活习惯方面更为接近。以新疆师范大学为例，学校还成立了针对中亚各国和中亚留学生汉语教育的研究所，国际文化交流学院的教师都积极开展关于中亚各国和中亚留学生汉语教学的相关研究，并且申请到了国家级课题，这些都必将把汉语教学和研究推向新的高度。

但是，对于目前出现的学习汉语的热潮，我们在兴奋之余也必须清醒地认识到，这离我们期望的目标还很远。跟中国人学英语的热情相比，外国人学习汉语的热情还是远远不够的。

第一章
中亚留学生汉语教学发展与现状

第一节　中亚留学生简介

一、中亚留学生留学的地域选择

随着我国经济的不断发展和建设"丝绸之路经济带"倡议的提出，我国与中亚诸国的来往日益密切，我国新疆作为连接欧亚大陆的枢纽，前沿性和重要地位日益凸显，人们纷纷来这里旅游观光、开展贸易、研究考察、留学访问，尤其是中亚留学生，已经成为新疆地区对外汉语教学的重要对象。新疆特有的地域文化吸引力、师资语言的优势、优质的语言环境、突出的地缘优势、经济合作与快速发展的优势、相似文化的优势，都成为吸引中亚留学生来新疆的重要因素。

（一）特有的地域文化吸引力

中亚留学生对中国文化有着浓厚的兴趣或特殊的偏爱。中华文化引起中亚留学生关注的兴趣点是多层次、多方面的。比如，有人希望通过短期汉语学习具备初步的汉语交际能力，然后游览中国的大漠戈壁、大川大山；有人希望熟知汉语并借助此工具研究中国的文化习俗与悠久历史；有人希望在尽可能全面了解当代中国经济、社会及其现代化进程的基础上，从事与中国经贸合作方面的工作。同时不能忽略的是，新疆是多民族相融共生的古丝绸之路交会点，具有浓郁的丝路文化特色。同时，也是毗邻中亚部分国家的地区，与中亚来往和沟通较为便利。这种独具魅力的特色文化吸引着中亚留学生，成为引导中亚留学生选择来中国新疆留学并学习汉语的重要因素。

（二）师资语言的优势

选择到目的语环境中学习外语，是二语习得的最佳路径，但我国对外汉语教育初级教学阶段大多以英语为媒介语。不能忽视的一个现象是大多数中亚留学生英语使用能力欠佳，因此对其而言，以英语作为中介语学习汉语无形中增加了学习的难度。中亚留学生汉语教育在新疆地区独具特色，是因为我国新疆维吾尔自治区的少数民族与中亚国家许多民族语言相通、文化相似，新疆的对外汉语教师普遍可以使用俄语、维吾尔语、哈萨克语等中介语来教授，这为中亚国家的留学生学习汉语提供了更为便利的条件，对其选择新疆地区作为汉语学习目的地的动机具有正相关作用。

（三）优质的语言环境

语言环境的质量在二语习得中具有重要作用，目的语可习得语料质高量大的输入和输出是语言学习的基础保证。正因为如此，许多人选择离开本土、远涉目的语国家习得第二语言。新疆虽然是多民族地区，但由于多年来双语教育工作的持续开展，全国各地移民大量来新疆务工、定居，"说普通话、用规范字"的理念已深入人心。标准的汉语普通话已成为新疆地区各民族、各人群之间最重要的交际工具，来新疆的留学生可以在日常生活中潜移默化地习得标准的汉语。

（四）突出的地缘优势

新疆地区与 8 个国家接壤，有 17 个国家一级口岸、12 个二级口岸，是我国拥有陆上通商贸易口岸最多的省区。新疆已经形成了公路、铁路、航空、管道并举的立体运输网络，建立起了与中亚国家的交通连接。新疆地区与周边国家互通交往的地缘优势是其他内地省市无法企及的。据调查显示，45%的同学表示，"与自己的国家相距较近"是他们选择新疆作为汉语学习目的地的主要原因之一。对中亚留学生而言，地理位置是其选择留学地点的重要影响因素之一；另外相较于北京、上海、广州等内地高校，新疆在交通、学习、住宿方面的留学成本较低也具有明显优势。

（五）经济合作与快速发展的优势

中国与中亚国家及俄罗斯长期保持着睦邻友好的关系，已与其分别建立了战略合作伙伴关系，形成了经济、政治、社会、文化等领域的全方位合作；尤其是我国向西开放战略的实施使中亚国家分享了中国经济快速发展的外溢效应。而新疆是我国与中亚国家之间经贸合作的重要节点，加之国家对新疆各项事业的大力支持，这些都给新疆经济发展注入了新的活力，形成新疆经济的增长点。因此，近年来新疆交通基础设施建设明显改善，城市面貌、城市功能愈益完善，初显国际商贸中心城市的特征；同时新疆高校的教育、教学水平大幅度提高，学校环境大为改观。经济水平的提高增强了新疆对中亚留学生的感召力，也成为新疆吸引中亚留学生的又一影响因子。

（六）同质、相似文化的优势

新疆是我国最大的多民族聚居地区，新疆地区的许多少数民族与中亚国家的民族跨境而居，彼此之间具有难以割舍的联系，其生活习惯、民族风俗乃至宗教信仰等具有一定的相似性，甚至部分留学生的亲朋好友就工作和生活在新疆。离开家乡远到异国留学，同质、相似的文化风俗能减少留学生与目的语国家的文化冲突，提升心理归属感，降低身处异国他乡的心理成本和精神压力，为他们较快地融入目的语文化提供了便利条件，这是新疆与我国其他省市相比所独具的优势。（杨韵韵，2014）

二、来新疆留学生的构成特点

进入 21 世纪以来，新疆的留学生教育规模整体有了较大发展，具有以中亚留学生为主且数量不断攀升、以学习汉语为主且汉语水平零起点留学生居多、留学生生源国数量不断增多等特点。

（一）以中亚留学生为主，且数量不断攀升

如表 1-1 所示，根据新疆维吾尔自治区教育厅外事处提供的数据，自 2004 年起，新疆的中亚留学生教育持续发展，最初仅有中亚留学生 153 人，占来新疆留学生总数的 25.4%；到 2008 年达到 2262 人，占来新疆留学生总数的 65.9%；2012 年突破 70%，达到 3562 人；截至 2015 年全新疆中亚留学生达到 4874 人，占来新疆留学生总数的 77.2%，来新疆中亚留学生数量和比重呈不断攀升的趋势。

表 1-1　部分年度全新疆中亚留学生数量与比重

年度	2004	2008	2012	2015
中亚留学生总数/人	153	2262	3562	4874
占留学生总数的比重/%	25.4	65.9	70.3	77.2

（二）以学习汉语为主，且汉语水平零起点留学生居多

来新疆的留学生总体上以学习汉语言为主，留学生汉语本科专业学习主要集中在新疆师范大学、新疆大学，短期汉语学习除新疆师范大学、新疆大学外，新疆财经大学、新疆农业大学、石河子大学、乌鲁木齐职业大

学、新疆医科大学也有少量留学生。短期汉语学习的留学生以自费为主，大多是零起点学汉语，希望能够通过短期培训具备初、中级汉语听、说、读、写的基本能力。汉语本科教育一开始以奖学金生为主，奖学金生在入学水平上会有一个筛选，相对有一定汉语基础。但随着留学生规模的递增和国家对政府奖学金生名额的宏观调控，加之随着中国经济的不断发展，语言输入国学员自身对汉语学习需求不断增长，留学生本科教育也由奖学金资助向以自费为主转变，近几年自费本科生比重也越来越大，新疆的留学生教育的市场化特征越来越凸显。

（三）生源国数量不断增多

2008 年以前，来新疆的留学生生源国比较少，大约有 20 个国家，中亚以哈萨克斯坦、吉尔吉斯斯坦居多，其他一些国家如土库曼斯坦、塔吉克斯坦、乌兹别克斯坦等国的留学生还不多，俄罗斯、巴基斯坦、阿塞拜疆、韩国等国留学生占了一定比例，来自欧美的学生所占比例最低。2008 年以后，随着留学生人数的攀升，生源国也不断扩大，中亚国家留学生人数急剧增长，特别是塔吉克斯坦留学生人数增长最快。例如，新疆师范大学 2013 年招收的留学生分别来自哈萨克斯坦、吉尔吉斯斯坦、塔吉克斯坦、俄罗斯、乌兹别克斯坦、土库曼斯坦、阿富汗、韩国、蒙古、加纳、尼日利亚、喀麦隆、沙特阿拉伯、泰国等 30 个国家。其中，非洲留学生也在 2011 年有了零的突破，目前每学期会有 30 人左右。

近年来土库曼斯坦的留学生人数有所攀升，成为乌鲁木齐职业大学留学生主体，见表 1-2（薛慧，2015）。

表 1-2　乌鲁木齐职业大学中亚留学生国别构成状况　　单位：人

序号	国家	年度									总计
		2006	2007	2008	2009	2010	2011	2012	2013	2014	
1	吉尔吉斯斯坦	0	10	24	25	8	12	1	2	0	82
2	土库曼斯坦	1	4	12	25	36	42	14	1	0	135
3	哈萨克斯坦	1	0	6	7	2	6	2	4	4	32
4	塔吉克斯坦	0	0	0	0	0	0	0	1	2	2
	总计	2	14	42	57	46	60	17	8	6	252

三、来新疆留学生的学习目的

为了解中亚留学生的学习目的，学者们做了相关的调查研究，由于研究范围、工具、方法的不同，调查研究结果也不尽相同。有不少学者的研究反映，中亚留学生来华学习汉语的主要目的是出于工具型动机——为了将来经商就业，这和中国的经济不断发展有直接、必然的联系；但也有学者研究指出融入性动机——对中国文化感兴趣是许多留学生学习汉语的直接动机。

张慧（2012）对新疆大学、新疆师范大学、新疆农业大学、新疆财经大学、新疆医科大学等5所高校中来自4个中亚国家（哈萨克斯坦、吉尔吉斯斯坦、塔吉克斯坦、乌兹别克斯坦）的200多位留学生调查统计显示，相较工具型目的而言，融入型目的无论按百分比还是按均值来看，在统计中均位居前列，与简单认为留学生学习汉语就是为了"经商""挣钱"的观点还是有些出入的。尤其是不少中亚留学生为了"了解中国人""了解中国文化"而选择了学习汉语，此外，也有"便于与说汉语的中国人交流""结识更多朋友，想充实自己""丰富自己的业余生活""便于欣赏中国电影、电视、戏剧和歌曲"等融入型动机。"找一份好工作""获得中国大学文凭""为在中国大学学习做准备"是中亚留学生学习汉语的主要工具型动机；同时，也有"满足父母的要求""从事与中国经济贸易工作""从事翻译工作""便于在中国旅游""想改变目前的工作状况""想证明自己有能力学好汉语"等工具型动机。

周殿生等（2013）对中亚留学生汉语学习动机调查结果也显示，中亚留学生汉语学习动机依次表现为以下特点：（1）中国和平发展深刻影响周边国家，留学生选择汉语学习有认知需要和情感需要的必然性；（2）中亚留学生寄希望于通过学汉语找到好工作，高期望值影响学习者的效价比；（3）大多数学生的目标定向还不很明确，因此知识结构上缺少自我选择和调整的自觉性；（4）结果归因归于个人的综合能力和努力程度较多，大多数学生知难而进，不太看重运气；（5）学习目的呈现出比较复杂的状态，大多数人的目的就是找好工作；（6）中亚留学生的自信心虽然很强，但缺少实际能力的支持，需要帮助他们设计路径；（7）与中国学生相比，中亚留学生努力程度还不够，有较大的要求他们继续努力的余地。

　　综上所述，新疆的留学生教育教学单位应当充分认识中亚各国留学生学习汉语的直接和间接动机，充分利用中亚各国留学生对中国语言和文化的兴趣和热爱，以及中国与中亚各国之间良好的政治和民族关系等有利因素，珍视和培育中亚留学生的汉语学习兴趣和对中国的友好情感；以情感教育为主线，在了解学习对象学习特点的基础上，耐心包容、循序渐进地加强对中亚各国留学生汉语学习方法的指导与培养，并通过汉语教学进一步提升中亚留学生对自己职业生涯的规划。切不可只顾抓汉语成绩而牺牲了民族情感，培养知华、友华、亲华、爱华的美好情感应当始终是对中亚留学生汉语教学的重要宗旨。

第二节　新疆针对中亚留学生的办学特色

一、留学生经费来源由单一的自费向多元转变

　　来新疆的留学生的经费来源从单一的自费不断发展为多条渠道，呈现出多元性。除自费外，有中国政府奖学金资助、中亚基地奖学金资助、华文基地奖学金资助、孔子学院奖学金资助、新疆维吾尔自治区政府奖学金资助、企业奖学金资助，另外还有交换、协议两种形式。其中自费生仍占了较大比重，例如，2013年新疆师范大学国际文化交流学院877名留学生中，有奖学金生330人，自费生543人，交换生4人。自治区的留学生教育正在走向以招收自费生为主，争取各类奖学金项目为辅的可持续发展道路。当然，如何保证留学生教学质量并开展有效的招生宣传，从而争取到更多、更好的生源和项目是每个高校都要积极应对的课题。

二、办学层次不断丰富

　　来新疆的中亚留学生主要有学历教育和非学历教育两类，学历教育有本科教育、硕士研究生教育、博士研究生教育，非学历教育主要为长、短

期汉语教育。

（一）学历教育

留学生汉语本科学历教育一般被称作"汉语言专业"，学制四年。按照传统分法，一年级为初级阶段，二年级为中级阶段，三、四年级为高级阶段。目前全新疆只有新疆师范大学、新疆大学两所高校获准设立本科、硕士研究生、博士研究生专业。除自费生以外，2008 年经国家正式批准，新疆维吾尔自治区设立了"来华留学生中国政府奖学金"；同年，新疆师范大学和新疆大学开始招收本科奖学金留学生。新疆师范大学还于 2010 年获批国侨办"华文教育基地"称号，2014 年获批开办由国侨办资助的新疆籍少数民族华人华侨子女的汉语本科教育。近年来，新疆由于独特的地缘、文化、语言优势，对中亚地区有着强烈的留学吸引力，来新疆留学人数逐年增长。同时在新疆维吾尔自治区周边国家，"汉语热"也正呈现出不断升温的态势。

2009 年 6 月，新疆师范大学、新疆大学经教育部批准，获得汉语国际教育硕士专业学位点，具备外国留学生招生资格；同年 9 月，首批 71 名汉语国际教育硕士专业留学生入读新疆师范大学，20 人入读新疆大学；以后每年均招收汉语国际教育硕士 30 人左右。2011 年新疆师范大学、新疆大学启动中国政府奖学金资助硕士研究生项目，学科专业也从语言学扩大到历史学、经济学、地理学、法学、教育学、生物学等十几个学科，以后每年均有此类留学生入校学习。另外，新疆大学还有留学生在攻读博士学位。

同时在新疆大学、新疆师范大学、新疆财经大学、新疆农业大学、新疆医科大学等高校，也开展着留学生非汉语专业的本科教育。

（二）非学历教育

新疆维吾尔自治区非学历留学教育主要有一年非学历教育（简称一年生）、半年非学历教育（简称半年生）、暑假期间非学历教育（简称暑期生）。

2009 年以前非学历生的汉语学习集中在初中级听、说、读、写（尤其是听说）能力的速成上，对学历没有较高的要求；但随着留学生教育的不断发展，近年来这部分学生对学历的要求也逐渐提高。非学历生中一年生、半年生以自费进修为主，也有部分孔子学院选拔的奖学金生。中亚孔子学院对中亚国家本科在读生汉语水平达到三级者进行选送，这些奖学金生通常被编排在半年、一年短期班与其他留学生一起学习。经过半年或一年在中国的学习后，这部分学生听说水平有了明显提高，再回到自己所在大学继续学习汉语时，往往成为佼佼者，不少成为进一步来新疆攻读本科学历、硕士研究生学历的后备军。自费生中不乏表现突出、成绩优秀者，他们毕业回国后很快就有了很好的发展，也有一部分在新疆或者内地的高校继续硕士研究生阶段的学习。

暑期生主要参加中亚本土汉语教师培训以及各类暑期夏令营项目。随着中亚地区"汉语热"的不断升温，中亚地区对汉语师资的需求一直呈上升趋势。国内外派的教师及志愿者远远不能满足当地需求，而中亚本土汉语教师无论是在数量上还是在质量上，均处于起步阶段，因此本土汉语教师来华培训进修也逐渐成为新疆高校非学历教育常规项目。同时，随着中国国力的增强，新疆维吾尔自治区周边国家出现了很多迫切想了解中华传统文化及现代中国的大中学生，暑期各类夏令营项目能够满足这部分学生的需求。夏令营项目不仅提高了营员的汉语交际能力，而且还使营员对中国的历史文化有了初步了解，同时也为中国与中亚地区在教育领域的交流与合作搭建了一个良好的平台。

三、课程特色

（一）专业课程

新疆的高校为满足中亚留学生的不同需求，在汉语本科专业下设置了"商务汉语""俄汉翻译"两个方向，突出了办学特色。在课程设置方面，新疆大部分高校采取留学生本科分技能教学的方式，比如，新疆师范大学针对汉语言本科初级班开设了初级汉语综合、初级汉语听力、初级汉语口语、初级汉语阅读等课程，另外开设音乐、书法等文化课程；针对汉语言本科中级班开设有中级汉语综合、中级汉语听说、中级汉语阅读、中级汉语写作等课程，另外开设了中国文化、中国地理简介、中国历史简介、汉语水平辅导等辅助课程；针对汉语言本科高级班开设了高级汉语综合、高级汉语听说、高级汉语阅读、高级汉语写作、中国概况、新疆历史等课程，另外还有针对性地开设了一些讲座类课程。同时，针对商务汉语等方向，从教材选择到师资配备，均围绕商务汉语展开商务汉语精读、口语、听力、阅读、写作等分技能教学，并且突出专业实践。也有部分高校目前仅开设汉语综合课，比如乌鲁木齐职业大学。

硕士专业的课程设置在本科基础上有更高的专业能力和知识理论要求。比如新疆师范大学对汉语国际教育硕士专业学位外国留学生的培养要求是：（1）具备良好的专业素质和职业道德；（2）具有熟练的汉语教学技能；（3）具有较好的中华文化理解能力和中外文化融通能力。在新疆师范大学，留学生要取得汉语国际教育硕士专业学位，必须修满相关课程；必须具有完备、系统的学科基本知识；必须具备专业技能，顺利通过硕士论文的撰写与答辩。根据中亚留学生的特点，在课程设置上突出汉语知识的提高、中华文化理解能力和中外文化融通能力的培养。同时，在核心课程上专门设置了当代中国专题、高级汉语、汉语作为第二语言教学、论文写作指导、中华文化专题等课程；在选修课程上设置了汉语教学类课程、教育与教学管理类课程、专题讲座、文化体验等课程。

近些年，来新疆的留学生的学习专业有所拓宽。2012 年，教育部资助的中国政府奖学金硕士研究生在新疆师范大学和新疆大学就读，学制 4 年，其中 1 年为汉语预科，3 年为专业学习。涉及专业有语言学、历史学、民族学、政治学、经济学、法学、地理学、旅游学、教育学等多个学科。临床医学、中医、农业、财经等专业也比较受留学生的青睐，这部分学历生是我国新疆医科大学和石河子大学通过与巴基斯坦、阿联酋等国进行交流合作招来的，主要集中在临床医学专业，采用英语授课，相较于学习汉语言专业的留学生，这部分人还是少数。

在新疆各高校学习非汉语专业的留学生，大部分也先要学习 1～2 年的汉语，通过汉语水平考试并获得中、高级证书之后，再选择喜欢的专业继续深造。

（二）文化课程

文化知识的系统学习有助于增进文化理解，培养跨文化意识，开阔国际视野。在汉语国际教育的过程中，通过对中国文化知识的整体认知，学生能够逐渐注意到表层和深层文化的关联，继而产生较多的文化思考，透过表层文化现象对中国传统核心价值观进行领会。这反过来会促进其对中国人的社会习俗和交际行为的理解，达成跨文化交际认同，增强对异文化的包容性。

　　新疆师范大学国际文化交流学院在留学生的汉语教学中，以科学发展观为指导，紧紧围绕"人文关爱、科学管理、文化体验、专业实践"的办学思路，不断为在校留学生搭建文化实践平台，将中华文化教学定位为学院的特色教学。学院充分运用传统课堂教学、现代多媒体教学、实践活动、实践体验、文化测试等多种方法开展文化教学，在文化教学中确定专项文化学习、文化实践和语言教学相结合、注重体验理解、以竞技比赛为平台等文化实践教学原则，并在文化教学中制定了一整套动态递进生成教学目标，使文化从最初体验理解到逐步接纳融入。

　　文化教学的内容多种多样：有语言教学中的文化教学；有纳入课程体系的中国文化知识、中华传统文化典籍纲要、《千字文》阅读教学等中国文化课程教学和中华纸艺、中国传统音乐欣赏及学习、中华茶艺、中国武术等中华才艺课程教学的文化教学；有以学院内文化社团部门为载体，以"社""团"的形式向学生介绍中华文化的课程多样、时间灵活、学生多元的文化社团教学；有中华传统节日的体验、中华历史名人纪念活动、中华人民共和国成立以来的国家法定节日的体验、各国节日的体验等文化体验教学；有汇报演出、各级各类比赛、直接与电视媒体接触等文化实践活动教学；有与乌鲁木齐文庙、乌鲁木齐老君庙，以及一些旅游文化企业等建立的文化实践平台等。

　　（三）实践课程

　　创建实习基地是中亚留学生教育建设的重要组成部分。如果说针对中亚留学生在培养目标确定、专业课程设置等方面要注重宽口径的话，那么，汉语实习特别是毕业实习环节就要更加突出专业性和针对性。

　　中亚留学生除了毕业回国做汉语教师、汉语翻译，进政府机关工作，留在中国继续学习，以及从事自主或家族贸易以外，还有不少留学生通过学校和企业间搭建的实习基地平台，毕业后加入了新疆的一些外贸企业及跨国公司，实习基地为学生的对口就业开通了"绿色通道"。

　　以新疆师范大学为例，留学生在本科第四年会有专门的社会实践课程。该课程通过学院与企业共同签订培养协议，按照协议规定将留学生派遣到需汉语人才的各类中资企业进行社会实践。实践过程中，学生切实参与到企业的工作与运营中，并且接受企业的管理。留学生参加这些社会实践活动，不仅锻炼了语言技能，也提高了实际工作能力，为汉语学以致用和融入中国社会提供了现实基础。实习期满的留学生须向学校递交企业评价，作为实践课程考核依据。与知名企业搭建中亚汉语人才实习基地，培养了学生实践能力的同时，能够增进企业和人才培养单位的了解互信，并为留学生创建就业机会。不少语言水平高、工作能力强的留学生直接被企业录用，一毕业就找到了理想的工作，而好的就业形势无疑又为学校日后招生起到了良好的宣传作用。

第三节 中亚留学生汉语教学的发展

一、中亚留学生汉语教学的历史发展回顾

与 20 世纪末期相比较，新疆维吾尔自治区的对外汉语教育出现了新局面，这主要表现在两点：一是我国新疆与中亚国家的文化教育交流日益增多。尽管中亚多国与我国新疆毗邻，有的国家甚至隔河相望，但此前彼此间基本没有教育交流和往来。据资料显示，随着中国经济不断发展，近年中亚国家与我国新疆各高校的学术活动和专家互访活动明显增加，有的学校正在和中亚国家的大学进行校际互派留学生的交流，有的学校正在洽谈接纳来新疆进行汉语实习的协作项目，有的学校在洽谈对外派出汉语教师，还有的学校在进行校际学术领域的合作和交流。二是这些年来，来新疆留学的中亚国家学生明显增多。这一方面得益于我国教育部统一组织的对外汉语教育面向中亚国家的招生，另一方面得益于中亚各国孔子学院的开设，这些均为新疆各高校中亚留学生招生提供了平台。随着"丝绸之路经济带"建设的推进，中亚的"汉语热"将进一步升温，来华留学势头将更加强劲。

（一）留学生群体发展回顾

新疆维吾尔自治区的留学生教育主要开始于 20 世纪 80 年代中期，最

初的学生很少，每年来新疆的留学生数量都保持在几人到几十人的小规模之内。进入 21 世纪以来，留学生数量逐年增加，从 2004 年起逐渐形成规模，并越来越受到教育部门重视。新疆的留学生教育从 2004 年起步至 2015 年的 12 年间，来新疆留学生总数达到 29652 人，其中中亚留学生总数达19215 人，占来新疆的外国留学生总数的 64.8%。

对外汉语教学除了系统内部各要素的相互作用，还受社会政治、经济、文化、外交等外部环境综合影响。根据新疆维吾尔自治区教育厅外事处提供的"新疆外国留学生及中亚留学生数量与比重"（见表 1-3）数据显示，21 世纪以来新疆的留学生教育规模可以概括为"迅猛（2004 年至 2008 年）—回落（2009 年至 2010 年）—稳增（2011 年至 2015 年）"的发展态势。

表 1-3　新疆外国留学生及中亚留学生数量与比重

类别	年度												合计
	2004	2005	2006	2007	2008	2009	2010	2011	2012	2013	2014	2015	
A/人	602	923	1190	2551	3431	2271	4174	4424	5067	5019	6888	6316	29,652
B/人	153	282	470	1451	2262	1660	2732	3119	3562	3524	5166	4874	19,215
比重/%	25.4	30.6	39.6	56.9	65.9	73.1	65.5	70.5	70.3	70.3	75.0	77.2	64.8

注：表 1-3 中"A"指外国留学生，"B"指中亚留学生，"比重"指外国留学生中中亚留学生所占比重。

如表 1-3 所示，随着中国经济的不断发展及中国与中亚外交的不断加强，2004 年至 2008 年来新疆的中亚留学生人数保持着一个比较大的增幅。2004 年来新疆的留学生总数为 602 人，2005 年为 923 人，2006 年为 1190 人，2007 年为 2551 人，2008 年为 3431 人。这五年外国留学生总量一直保持不断升温的态势，其中中亚留学生更是增长迅猛，全新疆中亚留学生从2004 年的 153 人增长为 2008 年的 2262 人，中亚留学生占全新疆外国留学生的比率也从 2004 年的 25.4% 跃升为 2008 年的 65.9%。

然而到了 2009 年，相较上年同期，新疆外国留学生总数出现了一个小的回落，反映出新疆安全稳定因素对留学生教育规模的直接影响。数据还显示，至 2010 年外国留学生总数增长为 4174 人，但中亚留学生只占到65.5%，与 2008 年的 65.9%、2009 年的 73.1% 相比，2010 年中亚留学生比重还处在一个相对的低谷，直到 2011 年才有了进一步回升，达到 70.5%。

来新疆的留学生以中亚留学生居多，学生口耳相传的信息渠道也较为广泛。因此，中亚留学生受新疆安全稳定因素影响相对更持久，新疆的繁荣昌盛与长治久安无疑将直接影响来新疆的中亚留学生的生源与规模。

表 1-3 还显示，随着习近平主席 2013 年"丝绸之路经济带"倡议的提出，2014 年和 2015 年来新疆外国留学生总数较 2013 年稳步增长，中亚留学生数量与比重持续增长。2014 年，新疆的外国留学生数量达到了 6888 人，这一增长主要是由当年中亚留学生数量的增长带动的；2014 年中亚留学生人数 5166 人，比上年同期人数增加 1642 人，占新疆外国留学生的比重为 75.0%，比上年增长近 5 个百分点。至 2015 年，新疆的外国留学生达到 6316 人，其中中亚留学生为 4874 人，占外国留学生总数的 77.2%，反映出"一带一路"倡议在实现中国与"一带一路"沿线国家互通互联的同时，也成为来新疆的中亚留学生规模进一步扩大的原因。

（二）对外汉语教师队伍发展回顾

20 世纪 80 年代中期新疆维吾尔自治区只有少量留学生，当时并无专职的对外汉语教师。21 世纪以来，随着留学生规模的逐渐壮大，新疆的对外汉语师资也呈现出稳步增长的趋势。据统计，2009 年，新疆各类学校的专职对外汉语教师有 138 人，外聘和校内兼职教师 111 人，专兼职教师比为 1.24：1。（张丽 等，2013）

近年来，对外汉语教师队伍规模进一步发展。专职教师队伍的比例进一步提高，教师职称比例进一步优化，师资队伍的国际化进一步提升，并且通过自我培养和人才引进提高对外汉语教师队伍整体的学历与职称水平。

以新疆师范大学国际文化交流学院为例，2009 年成立之初仅有 28 人，目前有 60 名教职员工，并且在教师职称优化、学历提升方面有了较大发展。2013 年新疆师范大学国际文化交流学院高级职称占教师总数的 32.2%，其中，博士占 9.6%；2015 年博士占比达到 16.9%，虽然在学历上有了进步，但上升空间仍然很大。

二、新疆对外汉语教育的发展现状与示例

结合本章前述，近年来新疆对外汉语教育发展的总体状况可以概括为：学生以来自中亚为主，生源国数量不断增多；专业类型不断丰富，学

历层次进一步提升；教师层次及水平提高，国际理解增强；重视招生宣传，突出教学管理；搭建实践平台，拓宽就业渠道；语言文化并重，课堂内外延伸。

新疆各高校留学生教育现状存在上述质的共性的同时，难免有度的差别，下面以招收留学生较早、留学生规模较大的新疆师范大学为例，对新疆对外汉语教育发展状况加以印证。

（一）学生主要来自中亚国家，且生源国数量不断增多

如表 1-4 所示，2011—2015 年，新疆师范大学国际文化交流学院外国留学生总数为 7887 人（不含暑期生），其中中亚留学生 6522 人，占外国留学生总数的 82.7%。新疆师范大学国际文化交流学院留学生以中亚留学生为主，且生源国数量不断增多，仅 2014 年上半年，学院招收了来自 31 个国家的 765 名留学生，下半年招收来自 33 个国家的 827 名留学生，此外还有来自各个国家的 300 多名暑期项目人员，截至 2015 年，国际文化交流学院累计招收了来自 40 多个国家的留学生。

表 1-4　新疆师范大学国际文化交流学院中亚留学生数量与比重

类别	年度					合计
	2011	2012	2013	2014	2015	
外国留学生总数/人	1391	1557	1709	1592	1638	7887
中亚留学生总数/人	1203	1309	1423	1284	1303	6522
中亚留学生比重/%	86.5	84.1	83.3	80.7	79.5	82.7

（二）专业类型不断丰富，学历层次进一步提升

随着学科建设水平的提升，新疆师范大学研究生招生的规模和层次也获得了较大提升。学院拥有语言学及应用语言学二级学科硕士点和汉语国际教育硕士专业硕士点；截至 2015 年，共培养研究生 356 名，语言学及应用语言学留学生研究生 67 名，汉语国际教育硕士留学生研究生 234 名，预科硕士 173 名。其中汉语国际教育硕士专业成为该校的热门专业。

为了突出汉语言专业商务汉语方向的专业特色，并使其成为本专业的亮点，吸引更多的生源，新疆师范大学国际文化交流学院先后邀请了具有丰富实践经验的相关企业的专业人士，来学院为商务汉语方向留学生进行了包括电子商务、商务案例、商务谈判、商务礼仪等方面的系列讲座，并免费为学生开设了商务汉语考试（BCT）考试辅导班，受到学生的欢迎。

（三）教师层次及水平提高，国际理解能力增强

师资队伍的国际化是高校国际化战略实施的基础，为了推进教师队伍的国际化进程，新疆师范大学国际文化交流学院通过引进海外人才、加强教师海外交流培养、依托项目公派教师、实施"海外访学"计划、短期出国交流、组织员工外语学习等途径实现师资队伍的国际化培养，提升教师的国际视野与国际理解能力。国际文化交流学院采取引培并举的方式，引进有海外学习经历或海外学历的教师共 9 人，其中具有博士学位的俄语外教 2 人；同时，加强教师的海外交流培养，截至 2014 年底，教师中有出国经历者占 71.2%，涉及哈萨克斯坦、吉尔吉斯斯坦、塔吉克斯坦、俄罗斯、美国、韩国、英国、乌克兰、乌兹别克斯坦、土库曼斯坦、新加坡、泰国、阿塞拜疆、毛里塔尼亚、印度尼西亚等 15 个国家。教师的学科背景有语言学、外国语文学、汉语言文学、教育学、新闻传播学等 12 个学科。教师掌握的外语不仅有英语、俄语，还有中亚的哈萨克语、吉尔吉斯语、塔吉克语，以及我国少数民族语言维吾尔语（与乌兹别克语十分相近）。另外，学院为了师资队伍综合国际化水平的提高，开设了俄语、哈萨克语、吉尔吉斯语、塔吉克语学习班，组织全员参与外语学习，从而更好地提升了教师专业实践的竞争力，促进了教师队伍的国际化思维培养。

（四）重视招生宣传，突出教学管理

新疆师范大学采取多种方式，扩大招生规模。通过顶层设计、积极谋划，采取依托孔子学院、派专人进行海外招生等多种方式，不断拓展招生渠道，扩大生源地。

中亚留学生一般被认为学习主动性较弱、管理难度较大。但是新疆师范大学国际文化交流学院把留学生管理作为自己的生命线，通过管理努力提高教学质量，保证学生来一个留一个，用良好的声誉和质量赢得了在中亚学生中的口碑。

1. 细化过程管理。留学生管理不仅是对人的管理，更是对人的培养。在留学生管理工作中，新疆师范大学始终坚持"教育、管理、服务"相结合，认真落实每一项工作，力求工作的针对性和实效性。在开学时，对新生进行入学教育，为每位同学准备留学生活指南，对学习生活等方面提出要求，利用班会时间进行长期教育；在宿舍区内，聘请专人管理留学生宿舍，及时解决宿舍内各种问题，确保留学生日常生活质量，安排专人细化监督考勤，每月进行统计，并和家长取得联系，告知学生在校情况。同时根据新疆师范大学国际文化交流学院留学生管理办法，对违纪学生进行相应处罚；除此之外，建立完整的突发事件应急方案，完善留学生管理方面的各种规章制度。从学生第一天到校至学生毕业（结业）后回国，从不同角度营造和创造促进学生成才发展的环境和条件。

2. 完善留学生学籍及档案管理。切实做好留学生的手续办理，建立学生的基本信息，并录入系统中，做到每个留学生都有专门的档案袋（护照复印件、签证复印件、暂住证、毕业证复印件、成绩单复印件、个人简历、录取通知书、申请学习签证所需的所有材料等），并按学号顺序放入文件中，便于查找和翻阅。此外，留学生档案还包含留学的考勤统计情况、节假日去向统计、奖学金生奖学金发放情况、进班通知单、各种申请表、请假单等。同时，每月向市公安局上报留学信息表，并向中国留学信息网上报每一位学生的信息。为学习期满、成绩合格的留学生颁发结业证或毕业证。

3. 强化留学生自我管理。随着新疆师范大学留学生规模的不断扩大，学院逐步健全完善留学生会的组织机构，努力提高留学生会干部的思想素质和工作能力，充分发挥学生干部的模范带头作用。同时，聘请国外教师参与管理，借鉴国外学生会管理模式选举留学生会主席，建立起一支具有特色的留学生管理队伍，实现留学生自我管理。

4. 加强教学过程管理。新疆师范大学国际文化交流学院除了对教师教学大纲、教学进度表、教案、作业等教学资料进行检查外，还要求包括外聘教师在内的所有教师观看资深教师示范课，互相听课评课，共同讨论存在的问题，并对青年教师、外聘教师在教学和管理中存在的问题进行专门的指导，使课堂教学得以改进，教学的规范管理落到实处，教师教学和管理水平不断提高。

（五）搭建实践平台，拓宽就业渠道

针对留学生的专业特点，新疆师范大学国际文化交流学院同新疆本地12家单位签署协议，将其作为留学生专业实习单位。留学生在专业实习过程中，加深了对中国文化的了解，提升了专业水平、专业能力和社会适应力。

为解决多年来中国-亚欧博览会缺乏翻译人员的难题，学院组织留学生连续 7 年在亚欧博览会为参展客商做包括俄语、英语、波斯语、塔吉克语、吉尔吉斯语、哈萨克语等语种的义务翻译，既解决了亚欧博览会翻译人员短缺的问题，也为留学生学以致用提供了良好的实践平台、就业平台和校企合作的平台。

（六）语言文化并重，课堂内外延伸

新疆师范大学不仅担任自治区各类大赛的主要策划组织者，也是各类留学生比赛中选手参赛与获胜人数最多的学校，在文化实践方面具有区内示范性。各类文化活动成绩的取得既是课内汉语教学成果的体现，也有赖于新疆师范大学将文化同语言并重与结合的理念——课内将文化纳入课程体系并开设各类社团选修平台，课外通过文化体验各类竞赛在实践中延伸语言文化。

1. 文化纳入课程，社团选修结合

（1）将文化类课程纳入课程体系。2011 年，新疆师范大学国际文化交流学院正式将文化类课程纳入课程体系，根据实际情况在中外本科、硕士学历教育中开设茶艺课、中国音乐欣赏、武术、纸艺、书法等具有特色的中华文化类课程，教学效果良好，受到学院中外学生的好评。

（2）将节庆文化纳入课程体系。为了让留学生体验中国不同节日、节气的民俗文化，新疆师范大学国际文化交流学院将节庆文化纳入课程体系，每年都根据不同节日、节气，结合现有的资源设计留学生文化实践活动，进行留学生体验式教学。如：中秋联谊晚会、重阳节红山登高活动、冬至包饺子活动、赴乌鲁木齐老君庙参加老子诞辰、赴乌鲁木齐文庙参加祭孔大典、清明诗会、清明节趣味运动会、风筝大赛，等等。在每项活动开展前，学院都要求班主任根据留学生水平进行相关文化知识讲解，然后再进行节庆文化活动体验，从而加深留学生对于中华文化的理解。

（3）文化社团开设选修平台。中华文化社团是留学生中华文化实践教学的重要平台，也是新疆师范大学国际文化交流学院文化实践教学的一大特色。学院先后开设了留学生艺术团以及武术社、书法社、古筝社、纸艺社、葫芦丝社、国画社、吉他弹唱社、棋艺社及社火团等 10 个社团，社团采用自愿加入学习的模式，聘请校内外专业教师以及社会各行各业人士指导、授课。学院对考勤良好、学业优异者发放结业证书，以此激励留学生在课余时间参加。留学生社团通过参加学校一年一度的运动会及参与新疆师范大学毕业生文艺会演等活动，检验其学习效果，以此完善教学内容和模式。经过多年的培育，学院留学生艺术团及文化社团已成为留学生在课程体系外感知中华文化的重要平台。

2. 课外体验竞技，语言文化延伸

（1）拓展留学生文化实践基地，提高留学生语言及文化实践能力。新疆师范大学国际文化交流学院先后同乌鲁木齐文庙、乌鲁木齐老君庙、新疆相声巴扎、乌鲁木齐市京剧团等6家单位签订协议，建立文化实践基地。基地的建设为留学生学习和感知中华文化、了解中国社会、提高实践能力提供了重要的实践平台。

（2）开展丰富多彩的文化体验活动，增强跨文化理解。为了让留学生体验普通中国家庭的生活，增进国外友人与中国人民之间的友谊，新疆师范大学与新疆日报社联合，于2011年11月、2012年4月先后举办两期"客从远方来"的留学生走入中国家庭活动，共有近60名优秀留学生进入中国家庭。2016年11月，新疆师范大学留学生"Home Stay"项目延续了留学生走入中国家庭的活动。同时，新疆师范大学国际文化交流学院中外学生共同举办了吉尔吉斯斯坦的帽子节、土库曼斯坦的地毯节，跟哈萨克斯坦、吉尔吉斯斯坦、塔吉克斯坦等国家留学生共度努鲁兹节，通过此类活动让中外学生增强跨文化适应能力，让留学生感受中国开放共融的国际交流态度及留学生大家庭的温暖。

（3）举办迎新汇报演出及跨国高校巡演，展现留学生风采。为了检验学校留学生教育教学情况，并向校内外展示我校留学生教育教学成果，新疆师范大学国际文化交流学院将一年一度的迎新年文艺会演作为学院工作的一项重要内容。文艺会演涉及了学院教学工作的各个方面，尤其是留学生的语言教学、文化教学。每年的文艺会演除了在本校开展外，还拓展到新疆大学、新疆财经大学等兄弟院校，也赴中亚各国演出。

（4）参与区内外留学生大赛，对留学生进行中华文化体验式教学。通过组织和参加区内外各类大型留学生赛事，进行留学生中华文化的体验式教学。主要包括：①教育部主办的"留动中国——在华留学生阳光运动文化之旅"系列大赛；②新疆外国人汉语及中华才艺大赛；③留学生汉语及中华才艺大赛；④新疆师范大学校园十佳歌手大赛；⑤留学生书法剪纸大赛；⑥留学生大合唱比赛；⑦快乐汉语之成语大赛。留学生在各类比赛中取得了优异的成绩，为新疆师范大学留学生教育争得了荣誉的同时，也进一步加深了对中国的理解，增进了对中国的感情。

第四节　中亚留学生汉语教学研究

作为对外汉语教学的重要组成部分，面向中亚留学生的汉语教学近年来有了快速发展，学者们对中亚留学生汉语教学展开了多角度、多层次的探讨和研究，这些研究无疑丰富了对外汉语教学的理论与实践。但从现有研究成果看，中亚留学生汉语教学研究尚有需要提高的方面，总体而言，研究有如下特点：研究中亚留学生的作者群主体在新疆，这同中亚学生大部分选择在新疆留学有关；研究范围虽已铺开，但研究力度不够均衡，按语言要素开展的汉语语音、汉字、词汇、语法等教学研究还相对薄弱；从研究水平来看，高水平的研究数量仍十分有限，研究层次还须进一步提高。

一、研究现状

（一）从研究者分布看，研究中亚留学生的主体力量在新疆

从研究数量来看，通过对中国知网（CNKI）高级检索，按主题"留学生"检索得到的研究总量为 36953 篇，按主题"中亚留学生"检索仅为 312 篇，占留学生研究总量的 0.8%。从作者群来看，如图 1-1 所示，对 312 篇"中亚留学生"相关文献按作者单位检索，256 篇为新疆作者群的文章，占作者群总量的 82.1%，反映出研究中亚留学生的主体力量来自新疆，这同中亚学生大部分在新疆留学有关。

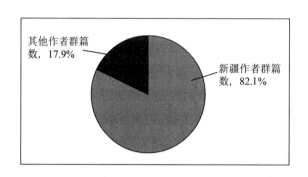

图1-1 中国知网（CNKI）按主题"中亚留学生"检索论文中新疆作者群所占比重

（二）从研究内容看，按要素教学研究有待开展

从研究内容来看，通过对中国知网高级检索，按主题"中亚留学生"从学生层面、"三教"（教师、教材、教法）层面、汉语要素、按技能教学、按要素教学等方面分别检索，得出各部分具体研究内容和研究比重。总体而言，按要素教学的研究最为薄弱，仅为58篇（如图1-2所示），这也反映出中亚留学生汉语要素教学研究还有待加强。

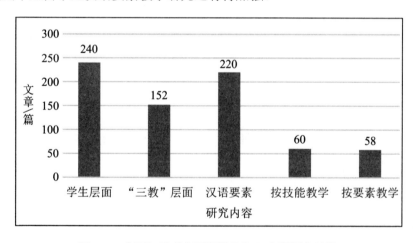

图1-2 中国知网"中亚留学生"各专题研究篇数

具体而言，学生层面研究相对丰富，除专项的习得研究外，还包括学习动机、学习需求、学习策略、学习偏误、文化适应等研究共计240篇（如表1-5所示）；"三教"层面包括教师、教材、教法，该研究共计152篇（如表1-6所示）；汉语要素研究涉及语音、声调、汉字、词汇、语法、文化等

方面，合计 220 篇（如表 1-7 所示）；按技能教学有听力教学、口语教学、阅读教学、视听教学、写作教学等方面研究，合计 60 篇（如表 1-8 所示）；按要素教学最为薄弱，仅有 58 篇，研究方面涉及语音教学、声调教学、汉字教学、词汇教学、语法教学、文化教学（如表 1-9 所示），反映出按要素教学的研究有待进一步加强，这也是本书接下来各章将要具体探讨的内容。

表 1-5　中国知网"中亚留学生"学生层面研究状况

学生层面	专项习得	学习动机	学习需求	学习策略	学习偏误	文化适应	合计
中国知网篇数	64	31	9	37	84	15	240

表 1-6　中国知网"中亚留学生""三教"层面研究状况

"三教"层面	教师	教材	教法	合计
中国知网篇数	88	53	11	152

表 1-7　中国知网"中亚留学生"汉语要素研究状况

汉语要素	语音	声调	汉字	词汇	语法	文化	合计
中国知网篇数	19	12	40	21	33	95	220

表 1-8　中国知网"中亚留学生"按技能教学研究状况

按技能教学	听力教学	口语教学	阅读教学	视听教学	写作教学	合计
中国知网篇数	0	11	8	38	3	60

表 1-9　中国知网"中亚留学生"按要素教学研究状况

按要素教学	语音教学	声调教学	汉字教学	词汇教学	语法教学	文化教学	合计
中国知网篇数	8	6	24	3	3	14	58

注：按主题检索各层面会有交叉，因而各层面总和会大于"中亚留学生"研究论文总数的 312 篇。

（三）从研究层次看，高水平理论研究仍十分有限

从论文发表级别来看，通过对中国知网进行高级检索，按主题检索"中亚留学生"，勾选"期刊"，检索到期刊论文仅有 133 篇；再按来源类别勾选"核心期刊"及"CSSCI 期刊"，检索到核心期刊和 CSSCI 期刊仅有 23 篇，占"中亚留学生"文献总量 312 篇的 7.3%。按"硕博士"检索，有 127 篇，其中仅有 1 篇为博士论文，126 篇均为硕士论文，这反映出中亚留学生教学研究方面不仅期刊文章有限，而且研究整体水平不高。

对转引频率相对较高的文献统计显示,被转引较多的为2008年至2010年文献,2011年至2012年文献有少量被转引,但近一两年文献鲜有被转引的,这也反映出中亚留学生研究在研究数据、研究方法、研究体系上都还需要提升。

二、中亚留学生的学习特点

学界已开展的中亚留学生学习特点方面的研究主要有学习动机、学习需求、学习策略、偏误、习得等。学习动机研究前文已经提到,此处不再赘述。学习需求研究主要集中在学习需求和文化需求研究上;学习策略研究围绕语音、汉字、词汇等语言要素以及口语、阅读等语言技能展开;偏误研究多集中在对某具体词语使用偏误的研究,以及语音、汉字、词汇、写作、标点等层面的偏误研究;习得研究主要是对某一具体句式或语言要素的习得顺序分析。

接下来将就中亚留学生学习需求、学习策略、学习偏误的普遍特点加以探讨,以便读者能够结合留学生汉语学习特点,更好地开展教学,也为留学生管理提供借鉴。

(一)中亚留学生汉语学习需求

梁焱(2010)以新疆大学国际文化交流学院中亚留学生为调查样本,对其汉语学习需求进行了探索性实证研究,得出以下结论:中亚留学生汉语水平的目标主要分为初级和中高级两个层次,应细化学生需求,提供区别性教学策略。中亚留学生汉语学习时间较短,应采用速成强化教学模式。汉字占用了过多的学习资源,应采用"语文分开、集中识字"的教学模式。中亚留学生汉语学习符合二语习得一般规律,应加强泛读课型和习得性教学活动的研究。

孔雪晴(2011)针对以语言学习为主的非学历中亚留学生,对其学习需求进行调查,以期对新疆的留学生教育市场进行理性的分析。调查显示,留学生选择留学学校最重要的信息来源前三项依次是:留学所在学校学生的推荐、各类社会关系的推荐和招生人员现场介绍,因此每一个承担中亚留学生教学任务的部门都要重视留学生之间的"口碑相传"效应;在选择留学语言学习的学制时,选择一年和一年半的占到了76%;高密度的语言教学课时并不是大多数中亚留学生的学习选择,每周安排 16～20 学时的语言学习,学生可以有相对宽松的时间消化所学语言点,减少学习焦虑;74%的中亚留学生认为学费为 10000～15000 元/学年是较适合的,超过了 20000元/学年学生较难接受。对中亚留学生汉语学习现状及需求的调查还显示,学生在汉字书写和口语表达方面存在问题,后者表现为学生虽有了一定的词汇储备和语法规则,但在实际口语交际中得体性不够。因此,教师建议充分利用新疆优越的语言条件,将学生的目的语输出延伸到课堂之外,在社会语言环境中感悟汉语。

张瑞(2013)对文化需求调查显示,中医和中药、汉语知识—语音、人际交往礼仪、风景名胜—城市风景等文化内容需求相对突出。汉语知识—语音是四个类别学生都较为需求的文化项目,这说明学生在日常的汉语学习中都非常重视汉语知识—语音的学习。调查还发现,学生对文学、历法、姓氏、老庄与道家思想、酒文化等项目需求较少,其主要原因是中亚国家信仰伊斯兰教,所以对中国的老庄与道家思想兴趣较小,并且学生认为饮酒有害身心健康,喝醉容易误事或者会伤害周围的人。

(二)中亚留学生汉语学习策略

根据牛津的学习策略分类法,直接策略分为记忆策略、认知策略、补偿策略;间接策略分为元认知策略、情感策略、社交策略。其中,元认知策略被认为高于其他策略,处于更高层次。元认知策略指学习者作为一个主动的个体,有意识地使用元认知知识,对学习任务进行合理的安排、计划、监控、调节和评价,使自己的学习方法和过程更加合理、高效。

崔静等(2011)研究显示,来新疆的留学生使用学习策略的频率由高到低依次为:记忆策略、社交策略、认知策略、情感策略、补偿策略和元认知策略。中亚留学生使用最少的是元认知策略,具体学习活动中,主要表现为:大部分留学生目标不够明确;不能充分地利用目的语学习环境;在课外不能将主要精力集中在汉语学习上。留学生对于自己的汉语输出结果不能做出及时而准确的评价和调整,这和来新疆的留学生年龄普遍偏小也有关系。当想不起某个词语时,中亚留学生不是用手势或其他相近词语代替,而是直接借助母语或通过同学翻译来表达思想,这样做显然少了使用和练习汉语的机会。此外,相当一部分中亚留学生没有上课做笔记的习惯，没有复习和预习的习惯，对于老师纠正的发音问题并没有给予足够的重视，很少重复正确的发音和表达法，不善于自己总结汉语学习的普遍规律。

综上，作为教师，不仅应当注重传授知识和技能，还应加强对留学生学习策略的指导，使之能够采取有效的方法调节自己的学习策略，从而达到事半功倍或习、获相当的学习效果。

（三）中亚留学生汉语学习偏误

贺桃（2009）通过对语音偏误结果调查统计，总结归纳出留学生在声母、韵母方面的偏误特点。声调方面的特点可以概括为"五音不全"，在读词语和句子时有着"千篇一律"的特点。存在的问题表现为：声母方面主要是送气音与不送气音的偏误，韵母方面是部分单元音和部分复元音的偏误，语流音变中的偏误表现为变调、轻声和儿化。语音偏误的原因可以归结为受自己母语负迁移的影响、目的语的影响、学习背景以及教学因素的影响等；少数学者提出这与汉语拼音方案本身也相关。

中亚留学生汉字偏误主要集中在笔画偏误、部件偏误、结构偏误等方面。具体表现为笔画与部件的缺失、增添、组合等，别字体现在形近字、音近字、形音皆近字方面。汉字偏误的原因主要有以下几点：首先是对于汉字结构的陌生，不知应该从哪里入手；其次是受自己母语的书写习惯的影响；最后是受教师及教材的影响。部分教师自身板书就不规范，直接影响了学生的书写。同时，一般的教科书中对于汉字的笔顺缺少系统的讲解，也是造成留学生汉字书写偏误的原因。范祖奎等（2010）[75-78]也指出，留学生在汉字书写方面存在部件混淆、部件增损、音同字错、部件变形、结构错位等偏误。

李晓东（2010）对于中亚留学生离合词偏误研究调查显示，中亚留学生往往把这些词当作普通动词来使用，对其特殊用法不熟悉，于是就出现了"结婚她、报名过了、见面见面"等偏误。通过对中级和高级汉语水平的中亚留学生对动宾型和动补型离合词使用情况的统计结果分析，发现中亚留学生在习得汉语离合词的过程中，随着语言水平提高而逐渐掌握了汉语离合词，习得的句法结构越多，偏误则越少，这说明语言水平的差异对汉语动宾式离合词的习得还是有一定影响的。

陆跃伟（2010）研究得出中亚留学生在写作方面存在标点符号、汉字、词语、句子、篇章等方面的偏误。黄莉（2013）研究得出标点符号偏误类型主要有书写偏误和功能使用偏误两种。书写偏误类型有句号、逗号、问号、感叹号、引号、冒号、省略号等符号书写偏误，比如将句号写成实点、逗号上部写成空心圆圈、问号下面写成空心圆点、感叹号上部写成空心竖等。功能使用偏误类型主要体现为遗漏、误代、添加、连用四种情况。

汉语补语偏误主要表现在以下四类补语上：结果补语、趋向补语、数量补语、程度补语。补语偏误主要表现为补语的遗漏、误加、误用、错序、混淆等。建议教师首先应加强俄汉对比研究及对比教学，加强汉语本体研究，采用科学的教学方法进行黏合式补语教学；其次，教材应采用俄语注释，并采用分散与系统相结合的方式讲解补语知识，课后练习形式应多样化，且有针对性；最后，中亚留学生自身也应纠正学习策略使用偏差，树立信心，克服畏难心理。（刘晨，2012）

三、中亚留学生的跨文化心理适应

虽然新疆地区有诸多适宜中亚学生留学的地缘优势，但不代表中亚留学生在这里就完全适应，毕竟他们还是身处在异域文化当中。在跨文化交际过程中，他们难免会有不适应的方面。了解中亚留学生跨文化心理适应的特点，能够为教学和管理提供参考和依据。

（一）环境适应

自然环境方面，由于中亚各国与我国新疆地区的纬度相近，中亚留学生在气候方面没有表现出明显不适，但对于水和空气污染相对敏感，这同中亚国家环境污染较轻有关。社会环境方面，新疆的一些少数民族居民与中亚留学生的生活习惯、风俗或宗教信仰具有一定的相似性，留学生能够比较轻松地融入当地，但对于新疆的宗教政策认识比较模糊。留学生对于乌鲁木齐现代化水平适应态度存在国别差异：吉尔吉斯斯坦、塔吉克斯坦等经济水平相对不发达国家的留学生会比较兴奋，哈萨克斯坦等经济相对发达国家留学生的反应会相对比较平淡。中亚留学生对中国人日常行为方式有一些不能接受的地方，比如，在公共场所喧哗、吐痰、擤鼻涕、用餐出声、教师不着正装上课等。（胡炯梅，2016）

（二）饮食适应

初到新疆的中亚留学生经常会抱怨饭菜油腻和辛辣，这种抱怨更多地表现为对煎炸和炒菜的不适应，这和中亚国家多食生菜和沙拉有关（刘宏宇 等，2014）。但是，到新疆时间长的留学生会逐渐适应并喜爱这里丰富的饮食，不少留学生甚至提到新疆的大盘鸡和拌面还会赞不绝口。文化的传播应当是双向的，留学生来到中国，在接受中国饮食方式的同时，如果能够拥有自主选择母国传统饮食方式的权利，对他们来说无疑是巨大的人文关怀；何况生吃蔬菜有利于保持蔬菜本身的纤维素和维生素，少油炸和辛辣未尝不是更营养的饮食方式。所以，在留学生住宿方面，设计冷餐厨房是值得考虑的。

（三）管理适应

遵守校纪校规方面：中亚留学生不遵守校纪校规的事情时有发生，给宿舍管理、教学管理都带来了一定困难。如，中亚留学生来新疆后，由于不能很好适应时差，导致晚睡晚起，而这种行为和严格的考勤制度、宿舍就寝制度等都形成了矛盾。由于缺乏遵守各项制度的主观意愿及对制度的不理解，造成了各类违纪事件的发生。

与人和谐交往方面：由于中亚留学生民族意识和民族荣誉感较强，发生个人矛盾时容易抱团，给留学生管理带来挑战。此外，中亚留学生虽然主动学习意识较差，但表现欲强，愿意积极参加文化活动。因此，通过文化活动丰富留学生课余生活，充分利用留学生的过剩精力参与正能量活动，或能减少其产生负能量的概率。

（四）语言交际与文化接触适应

语言交际方面：中亚留学生更喜欢与外国留学生或母国留学生用俄语或母国语言交流。有学者调查显示，仅有 28% 的学生愿意用汉语与他人交流，这和留学生的学习策略有直接关系。

文化接触方面：由于语言水平、风俗习惯、文化差异的影响，很多留学生反映，很难理解中国人日常谈话中的笑话和幽默。从语言交际的选择方面，也可以看出中亚留学生接触的对象更多囿于母国和他国留学生。

四、面向中亚留学生的教学及管理策略

结合中亚留学生的学习特点和跨文化心理适应特点，下面就中亚留学生教学及管理提出几点建议和对策，供对外汉语教学界同人参阅。

（一）细节垂范，塑造形象

教师每天面对学生的时间最多，是学生眼中传递中国形象的第一使者。教师应当时刻从我做起，注意从着装、言谈、举止等细节树立中国公民的正面形象，做好学生心目中的中国形象大使。

（二）指导方法，授之以渔

教师除了承担教授汉语知识、技能的职责，还应加强对学生学习策略的指导。指导学生在汉语学习中明确目标，善于自我评价和归纳总结。同时，教师应注意引导其充分利用在华学习的大环境，利用电视、网络、广播、图书馆等一切可以利用的条件学习汉语。

（三）善于反思，以研促教

汉语教师主要是进行语言教学。教学中教师应有意识加强汉语与中亚各国语言的对比，不断进行教学内容及教学方法的探索与反思，归纳留学生语言学习的特点、优点、缺点及难点，不断提高教学效果，用生动的课堂吸引学生。当留学生真正对汉语感兴趣并乐意上课时，考勤等许多管理问题也将迎刃而解。

（四）和而不同，国际理解

教师对于留学生的关爱，不仅表现在日常的嘘寒问暖的"细爱"，还需要有理解尊重层面的"大爱"。如何让来到新疆的留学生感受到，他们从穿衣吃饭到言谈举止，从学习习惯到生活态度都没有被视作"老外"，让他们愿意在中国的土地上快乐地学习生活，恐怕是所有从事对外汉语教学的教师们应毕生研究的课题。不仅研究他们要来学什么，我们要教什么，要把他们教成什么样，更要研究他们从哪里来，他们原本特质如何，以及他们的自我发展期待。要充分尊重留学生们的表层文化（饮食等）、中层文化（礼仪等），以及深层文化（价值观等），进而有助于留学生对中国表层、中层、深层文化的理解与认同。

（五）文化教学，贵在得法

对于表现欲强的中亚留学生而言，多激励其参加各类文化活动，培养其丰富的中华文化才艺，这有助于引导其发展丰富健康的业余生活，并且有助于加强其文化学习的成功体验。但在各类汇报演出及文化实践活动中，要注意处理好中国文化和他国文化的关系问题，避免文化内容、文化形式之间的冲突。

（六）加强管理，沟通助力

语言的作用之一在于消除隔阂、误解以增进理解。对于来华留学生，校方拥有足够的语言沟通机会，对于需要磨合的管理死角，要善于耐心沟通。比如，对于留学生如何从事宗教活动及穿戴宗教服饰等，新疆维吾尔自治区有着特殊规定。如何使留学生了解并接纳这些管理规定，建议各高校可以一改教条化、命令化的方式，成立专门的宗教法规解说部门，将宗教相关规定的内容、目的、提出背景等具体化、案例化，使留学生切实理解并愿意配合执行相关规定。

第二章

中亚留学生汉语语音教学

第一节　教学原则

有效进行语音教学是语言教学必须遵循的基本要求，语音教学原则对语音教学中的各项活动起着指导和制约的作用。根据苏联教育家凯洛夫（1893—1978）《教育学》的教学原则体系，结合中亚留学生语音教学的"教"与"学"特点，语音教学的原则可分为以下几点。

一、直观性原则

直观性原则包含两个方面：一是模像直观。运用发音部位图片、发音口型模型、发音幻灯、生词发音录音、电影、电视等各种手段模拟语音发音叫模像直观。模像直观能够有效地借助某种技术手段达到直观的效果。二是语言直观。教师利用自己的语言，根据学生已有的语音经验，引发学生的感性认识，从而达到直观的效果叫语言直观。它可以最大限度地摆脱时间、空间、物质条件的限制。语言直观的运用效果主要取决于教师本人的素质和修养。

教师在教学中贯彻直观性教学原则有以下三点基本要求。

第一，恰当地选择直观手段。教师在教学中应该根据学科门类、教学任务、学生年龄特征选择恰当的直观手段。

第二，直观是手段而非目的。学生对教学内容比较生疏，学生在理解和掌握上遇到困难或障碍时，教师需要运用直观手段。

第三，在直观的基础上提升学生的认知。教师应当在运用直观时，通过提问和练习等方式引导学生细致深入地感知语音。

二、启发性原则

启发性原则是指教师在语音教学中充分调动学生学习的自觉性和积极性，使得学生能够主动地学习，从而达到对语音知识的理解和掌握。"有启发的认识"是语音教学活动的特点之一，在教师的主导下，中亚留学生能达到自觉主动的学习。

在教学活动中实行启发性原则，对教师有以下几点基本要求。

第一，激发学生的积极思维。教师的启发能够激起学生紧张的情绪，激发活跃的智力活动，最终能够使学生深刻地理解掌握语音知识，获得多方面的体验和锻炼。

第二，确立学生的主体地位。中亚留学生是学习的主体，教师的启发只有在符合留学生实际时才可能避免盲目性。教师只有承认留学生的主体地位，真正研究和了解学生的学习需要，启发才有针对性和有效性。

第三，建立民主平等的师生关系。教师只有让学生真正感受到自己与老师完全平等，学习的自觉性才可能真正地调动起来。

三、系统性原则（循序渐进原则）

语音教学活动的顺序必须以教师的教学规律和学生的认知规律这两个方面为依据。教师要系统地了解语音教学的理论知识，并根据中亚留学生的实际情况自觉地安排、处理语音教学。

在教学中贯彻这一原则，对教师有以下要求。

第一，按照教学大纲的顺序教学。语音教学系统性的根本保证就是教师认真学习和研究汉语语音教学大纲，充分了解和掌握语音教学内容及其对学生的要求。

第二，语音教学化繁为简。教师在教学前要认真研究中亚留学生母语语音规律，针对他们在学习过程中的认知需要和特点，总结语音共性，找出语音对比个性，处理好近远、浅深、简繁等问题。

第三，适当调整。教学对象不同就要求教师在实际教学中，并非刻板、僵化地执行大纲。在基本按照大纲顺序的前提下，教师要善于从教学实际出发，适当地调整教学速度和内容。

四、巩固性原则

刘珣（2000）[355-356]认为，对外汉语语音教学的任务是让学习者掌握汉语语音的基本知识和汉语普通话正确、流利的发音，为口语交际打下基础。导致语音"化石化"现象的原因是没有奠定良好的语音基础，当学习者形成这种学习习惯，就会产生僵化，难以纠正。因此在第二语言汉语教学中，应该积极消除"化石化"现象，在教学方面严格要求学生，让学生把语音基础打牢。语音教学要实现预期的效果就要不间断地、连续地进行巩固。巩固的过程贯串整个初、中、高级阶段，在文化课的科目中也要注意语言技能的培养。中亚留学生只有不断地学习、操练才能减少不规范的语音数量。

在教学中贯彻这一原则，对于教师有以下基本要求。

第一，先理解后巩固。教师首先应当保证中亚留学生学懂学会，才有可能获得巩固的良好效果。

第二，科学性巩固。心理学研究揭示了关于记忆和遗忘的一些规律，教师应当熟悉并且善于运用这些规律，组织、安排、巩固学习，这样可以提高巩固的效率。

第三，巩固方式多样化。除了常见的书面作业外，教师应当善于利用各种不同的方式帮助学生巩固所学语音知识。

五、量力性原则

林焘（1996）认为，声调教学是语音教学中的难点，它远比声母和韵母的教学重要。量力性原则是为了防止语音教学难度低于或高于学生实际程度而提出的。语音教学是中亚留学生汉语教学的难点之一，语音教学难度或要求值若超过中亚留学生的实际接受程度，不可能激发学生的学习热情，学生的各种心理机能也不可能得到恰当的运用和提高；教学难度若低于学生的实际接受程度，学生会因为缺少一定的注意和紧张度而难以对所学语音知识留下深刻印象，无法进行有价值的学习活动，从而降低教学效果，因此语音教学活动要适合中亚留学生的发展水平。

在教学中贯彻这一原则，对于教师有以下基本要求。

第一，了解学生发展的具体特点。中亚留学生的汉语语音教学工作要根据学生身心发展的年龄特征遵循阶段性规律。这些普遍规律体现在中亚留学生发展的各个方面，而且是极为多样化的。教师要具体地研究学生的发展特点，才可能真正做到"量力"。

第二，恰当地把握教学难度。教师需要根据心理学揭示的普遍规律和对中亚留学生母语与汉语的对比研究，恰当地把握教学难度。量力性的程度和水平很难有稳定、确切的标准，需由教师自己把握。在教学实际中需要教师不断思考、不断摸索。

六、理论联系实际原则

理论联系实际原则是为了解决和防止语音理论脱离实际、书本脱离现实而提出的。中亚留学生来华学习汉语，一般是在相对封闭的学校和课堂里通过教师的讲授和书本学习语音知识，这种状况很容易导致他们所获得的语音理论知识与实际应用相脱离。因此，在教学中教师必须提供和创造机会，通过多种多样的途径和形式使中亚留学生大量操练、开口说话、积极模仿。

在教学活动中贯彻这一原则，对教师有以下要求。

第一，重视语音理论知识的教学。

第二，注重发展学生的能力。与课堂学习相比，联系实际的情景实践口语练习过程提供了更加丰富多样的教学手段。教师要鼓励学生大胆去张口实践，从而使汉语语音能力得到锻炼、发展。

第三，联系实际应当从多方面入手。尽可能广泛地让留学生接触真实的汉语语境，主动模仿汉语发音。

七、因材施教原则

中亚留学生存在个体差异，教师在语音教学活动中应当尊重学生的个体差异，处理好集体教学与个别教学的尺度，有针对性地因材施教。

在教学中贯彻这一原则，对于教师有以下要求。

第一，把握学生特点。因材施教的首要任务就是要充分地了解每一个学生。学生家庭背景、语言背景、生活经历等，都是教师因材施教所应该了解的。

第二，尊重学生的差异。学生的差异是客观存在的，教师在因材施教的过程中不仅要承认差异，而且要尊重差异。

第三，面向每一个学生。对外汉语教育的一个重要理念是，每个学生都有权利得到适合于自己的教育。因此，语音教学要面向每一位中亚留学生。

第二节 教学目标

音节结构简单、音节界限分明是汉语语音系统的特点，汉语声调是音节的重要组成成分。赵元任（1980）指出："在对外汉语教学中，语音教学是教学的起点，也是教学的基础，如果起点过于草率，基础没有打好，必然会影响整个学习过程，这本是显而易见的道理。"

中亚留学生语音教学目标有以下几方面。

一、认读汉语拼音的声母和韵母

表 2-1 普通话声母表[①]

b	p	m	F	d	t	n	l
g	k	h	j	q	x	zh	ch
sh	r	z	c	s			

表 2-2 普通话韵母表[②]

a	o	e	i	u	ü	ai	ei
ao	ou	ia	ie	ua	uo	üe	uai
uei（ui）	iao	iou（iu）	an	en	in	ün	ian
uan	uen（un）	üan	ang	eng	ing	ong	iang
uang	ueng	iong	er	-i [ɿ]	-i [ʅ]	ê	

表 2-3 整体认读音节

zhi	chi	shi	ri	zi	ci	si	wu
yi	yu	ye	yue	yuan	yin	yun	ying

① 此表参照黄伯荣、廖序东（2002:37）。
② 此表参照黄伯荣、廖序东（2002:59）。

二、熟悉并正确认读现代汉语的四个声调

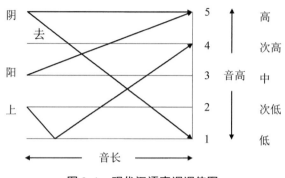

图2-1 现代汉语声调调值图

三、熟悉并正确认读汉语拼音音节

声母、韵母相拼合，加上声调从而成为一个音节。音节是听觉能感受到的最自然的语音单位，每个汉语音节是由声母、韵母和声调三个部分组成的，有的可以没有声母或声调，但一定有韵母（见表2-4）。

四、熟悉并正确认读两个三声音节的连读变调

当两个三声音节连读时，第一个音节变为第二声，3+3 变为 2+3，但注音时，要标原调。

五、正确认读轻声

汉语中有些音节不带声调，念得很轻，很短。这样的音节，叫轻声。轻声的音高受前面声调的影响而有变化。拼写时，轻声音节无调号。汉语中轻声不仅是一种音变现象，而且还能区分词义。

六、认知拼音规则

（一）标调法和省写

汉语拼音的声调标注在元音字母上。调号标注的顺序为 a、o、e、i、u、ü，因 iu 是 iou 的省略形式，声调标注在 u 上。如韵母有两个或两个以上元音字母时，调号标注在开口度较大的上面。

iou、uei、uen 做韵母时，省写成 iu、ui、un。

表 2-4　汉语普通话声韵母拼合表①

韵母

声母	a	o	e	ê	-i[1]	-i[1]	er	ai	ei	ao	ou	an	en	ang	eng	ong	i	ia	iao	ie	iu	ian	in	iang	ing	iong	u	ua	uo	uai	ui	uan	un	uang	ueng	ü	üe	üan	ün
b	ba	bo						bai	bei	bao		ban	ben	bang	beng		bi		biao	bie		bian	bin		bing		bu												
p	pa	po						pai	pei	pao	pou	pan	pen	pang	peng		pi		piao	pie		pian	pin		ping		pu												
m	ma	mo	me					mai	mei	mao	mou	man	men	mang	meng		mi		miao	mie	miu	mian	min		ming		mu												
f	fa	fo							fei		fou	fan	fen	fang	feng												fu												
d	da		de					dai	dei	dao	dou	dan	den	dang	deng	dong	di		diao	die	diu	dian			ding		du		duo		dui	duan	dun						
t	ta		te					tai	tei	tao	tou	tan		tang	teng	tong	ti		tiao	tie		tian			ting		tu		tuo		tui	tuan	tun						
n	na		ne					nai	nei	nao	nou	nan	nen	nang	neng	nong	ni		niao	nie	niu	nian	nin	niang	ning		nu		nuo			nuan				nü	nüe		
l	la	lo	le					lai	lei	lao	lou	lan		lang	leng	long	li	lia	liao	lie	liu	lian	lin	liang	ling		lu		luo			luan	lun			lü	lüe		
z	za		ze		zi			zai	zei	zao	zou	zan	zen	zang	zeng	zong											zu		zuo		zui	zuan	zun						
c	ca		ce		ci			cai		cao	cou	can	cen	cang	ceng	cong											cu		cuo		cui	cuan	cun						
s	sa		se		si			sai		sao	sou	san	sen	sang	seng	song											su		suo		sui	suan	sun						
zh	zha		zhe			zhi		zhai	zhei	zhao	zhou	zhan	zhen	zhang	zheng	zhong											zhu	zhua	zhuo	zhuai	zhui	zhuan	zhun	zhuang					
ch	cha		che			chi		chai		chao	chou	chan	chen	chang	cheng	chong											chu	chua	chuo	chuai	chui	chuan	chun	chuang					
sh	sha		she			shi		shai	shei	shao	shou	shan	shen	shang	sheng												shu	shua	shuo	shuai	shui	shuan	shun	shuang					
r			re			ri				rao	rou	ran	ren	rang	reng	rong											ru		ruo		rui	ruan	run						
j																	ji	jia	jiao	jie	jiu	jian	jin	jiang	jing	jiong										ju	jue	juan	jun
q																	qi	qia	qiao	qie	qiu	qian	qin	qiang	qing	qiong										qu	que	quan	qun
x																	xi	xia	xiao	xie	xiu	xian	xin	xiang	xing	xiong										xu	xue	xuan	xun
g	ga		ge					gai	gei	gao	gou	gan	gen	gang	geng	gong											gu	gua	guo	guai	gui	guan	gun	guang					
k	ka		ke					kai	kei	kao	kou	kan	ken	kang	keng	kong											ku	kua	kuo	kuai	kui	kuan	kun	kuang					
h	ha		he					hai	hei	hao	hou	han	hen	hang	heng	hong											hu	hua	huo	huai	hui	huan	hun	huang					
y	ya			ye						yao	you	yan		yang		yong	yi						yin		ying											yu	yue	yuan	yun
w	wa	wo						wai	wei			wan	wen	wang	weng												wu												

---

① 此表参照杨寄洲（1999）。

（二）单韵母ü和ü开头的韵母跟 j、q、x 相拼规则

ü和ü开头的韵母跟 j、q、x 相拼时，ü上两点要省略，如写成 ju、qu、xu。ü和ü开头的韵母跟声母 l、n 相拼时，写成 lü、nü。

（三）y、w 的用法

以 i、u、ü开头的韵母前如没有声母，在拼写时需要使用 y 或 w。

（四）隔音符号

a、o、e 开头的音节连接在其他音节后面时，为了避免音节的界限发生混淆，用隔音符号"＇"隔开。

七、辨析几组声母的发音

（一）声母 z、c、s 和 zh、ch、sh

z、c、s 为舌尖前音，发音位置在舌尖前端。zh、ch、sh 声音出自舌尖后面，先和硬腭接触，然后打开一条缝让气流通过，为舌尖后音。因为书写较为相似，在认读中，中亚留学生易发生混淆。

（二）声母 j、q、x 和 zh、ch、sh

汉语拼音中这两组辅音的发音方法非常相似，舌尖后音 zh、ch、sh 是由舌尖抵住或接近硬腭前部阻碍形成。舌面前音 j、q、x 是由舌面抵住或接近硬腭前部阻碍气流而形成。中亚留学生会出现这两组辅音混读的偏误。

（三）声母 j、q、x 和 z、c、s

中亚留学生在声母 z、c、s 和 zh、ch、sh，j、q、x 和 zh、ch、sh 两组声母发音中存在偏误，因此初级阶段也常会在 j、q、x 和 z、c、s 中出现辅音混读的偏误。

（四）声母 r

对于中亚留学生来说，r 是一个发音难点。r 的发音与俄语中 p、ж 这两个音都相似，介于这两个音之间。所以，有俄语背景的中亚留学生在发 r 音的时候，更接近于俄语的舌尖颤音 p。

（五）声母浊化与送气不送气的区别

b-p, d-t, g-k, j-q, z-c, zh-ch 各组声母中，前一个是不送气音，后一个音是送气音。在俄语中，有 Б-П、Д-Т、Г-К、В-ф、Ж-Ш、З-С 共 6

对相对应的清辅音和浊辅音，分别是前一个为浊辅音，后一个为清辅音，没有送气、不送气之分。由于发音相似，中亚留学生通常认为汉语拼音的 b-p，d-t，g-k，j-q，z-c，zh-ch 与俄语中的上述辅音相对应，所以就会出现将一些汉语拼音的清辅音浊化的语音偏误现象。

八、认知"一""不"变调

（一）"一"的变调

1. "一"在第一、二、三声音节前变成第四声；
2. "一"在第四声音前变成第二声；
3. "一"单用或表示数字时不变调。

（二）"不"的变调

1. "不"在第一、二、三声音节前不变调；
2. "不"在第四声音节前变成第二声。

九、认知汉语句调

汉语的基本句调有两种：升调和降调。根据语气，汉语句子可分为陈述句、疑问句、祈使句、感叹句四类。

（一）陈述句句调

陈述句一般为降调。

（二）疑问句句调

1. 是非问句句调

谓语部分重读，全句末为升调。

2. 特指问句句调

疑问代词重读，重音之后全句句调逐渐下降。

3. 正反问句句调

句子肯定部分重读，否定部分轻读，肯定、否定重叠部分语速较快，重音后语调逐渐下降。

4. 选择问句句调

句子中表选择的部分重读，前一部分读升调，语速较慢，后一部分读降调。

5."吗""吧"疑问句句调

用"吧"构成的疑问句的句调为降调，用"吗"构成的疑问句的句调为升调。

（三）祈使句的句调

语气委婉时，全句音高较低，第一个分句末尾语调略升，全句末尾语调缓降。

（四）感叹句的句调

感叹句一般为降调。

第三节　教学方法

汉语拼音是一种抽象的表音符号，是汉语教学中重要的组成部分。它对初学者来说比较单调，但为学生识字、汉语会话等奠定了重要的基础。国内常见的教学法有以下三种。

一、体态语辅助教学

例如，"z、c、s"和"zh、ch、sh、r"，初学者极易发生混淆。学生发翘舌音时由于没有翘舌动作就发成了平舌音，或是舌尖抬起时不能准确地抵住上腭的后部。在发"z、c、s"时，教师可以四指并拢，拇指和四个指尖接触，表示舌尖和齿的接触。因此，教师在教学中可以利用手形的变化来帮助学生辨识语音。

二、开放式教学法

教师在教学时可配上汉语拼音教学的各种图表或视频材料，用水果、小动物等形象地表示声母、韵母和声调。颜色鲜艳、生动活泼，更便于学生记忆和理解。此外，教师也可自主创新，引导学生自编拼音顺口溜。例如，上两点的省写规则可以编成"小ü见到j、q、x，去掉'眼睛'还叫ü"，或者"小ü见到j、q、x，去掉两点还叫ü"。

三、游戏法

教师可设计一些关于语音的游戏。比如"找朋友"的游戏，教师读生词或在黑板上写出几组生词，每个学生手持一个或几个汉语拼音字母，学生根据教师写出的生词，通过找朋友的方式组合成相应的拼音；也可将学生分成几组，每组都有声母、韵母和声调，教师读生词或者在黑板上写出生词，各组比赛，训练学生对汉语语音的反应度。

第四节　面向中亚留学生的汉语语音教学

语言三要素之一是语音，它是语言的物质外壳。语音不过关会直接影响中亚留学生汉语口语的流利程度及听力水平的提高。

一、俄、汉语音对比分析

中亚留学生使用的母语是中亚各民族语言及俄语，其中多数中亚民族语言属于阿尔泰语系突厥语族，俄语属于印欧语系斯拉夫语族，塔吉克语属于印欧语系伊朗语族。印欧语系和阿尔泰语系诸语言书写符号均为拼音文字，不仅在字形上与汉语差别很大，而且在语音上与汉语的差别也很大。对于中亚留学生来说，俄语可算作他们的第一语言，且使用率均高于母语，因此将俄语定位为中亚留学生习得汉语的重要干扰因素之一。

俄语有 33 个字母，包括 10 个元音字母、21 个辅音字母、2 个无音符号。俄语的语调有 7 种基本的调型，具体在语流中的语调更是变化多端。每个句子一定有调心，调心就是句子意义上所要着重加强的部分，常常通过加长音长和降低语速的方法来表现。汉字是汉语的书写符号，拼音是汉字的注音符号。一个汉字对应一个音节，音节由声母、韵母和声调三个部分组成。汉语普通话语音系统由 21 个声母，39 个韵母，两个半元音 y、w，4 个声调以及轻声组成。

表 2-5　俄语字母表

印刷体	手写体	名　称	印刷体	手写体	名　　称
大写小写	大写小写		大写小写	大写小写	
А а	*А а*	а	П п	П п	пэ
Б б	*Б б*	бэ	Р р	Р р	эр
В в	*В в*	вэ	С с	С с	эс
Г г	*Г г*	гэ	Т т	Т т	тэ
Д д	*Д д*	дэ	У у	У у	у
Е е	*Е е*	йэ	Ф ф	Ф ф	эф
Ё ё	*Ё ё*	йо	Х х	Х х	ха
Ж ж	*Ж ж*	жэ	Ц ц	Ц ц	цэ
З з	*З з*	зэ	Ч ч	Ч ч	че
И и	*И и*	и	Ш ш	Ш ш	ша
Й й	*Й й*	и краткое	Щ щ	Щ щ	ща
К к	*К к*	ка	ъ	ъ	твердый знак
Л л	*Л л*	эль	ы	ы	ы
М м	*М м*	эм	ь	ь	мягкий знак
Н н	*Н н*	эн	Э э	Э э	э
О о	*О о*	о	Ю ю	Ю ю	йу
			Я я	Я я	йа

表 2-6　汉语拼音字母表

Aɑ	Hh	Oo	Vv
Bb	Ii	Pp	Ww
Cc	Jj	Qq	Xx
Dd	Kk	Rr	Yy
Ee	Ll	Ss	Zz
Ff	Mm	Tt	
Gg	Nn	Uu	

　　通过仔细观察，我们不难发现，俄语和汉语的字母表中有相同的读音，也有相似的读音；有书写相同且发音相同的读音，也有书写相同但发音不同的读音。中亚留学生汉语语音学习偏误的根源是母语负迁移。

二、中亚留学生汉语语音偏误调查与分析

我们利用应用语言学的实地调查法，分别设计了初级、中级、高级中亚留学生背景情况调查表和汉语语音朗读、听写材料，并对 120 名留学生进行了集中调查录音及语音听写。研究发现，语音偏误存在于初级、中级、高级各个阶段，初级阶段以字母认读、书写和语音偏误为主；中级、高级阶段以语音偏误为主。

（一）初级阶段偏误（如表 2-7 所示）

表 2-7 中亚留学生（初级阶段）语音偏误表

	汉语音素	俄语相似音素	偏误表现及原因
声母	b[p]-p[p'] g[k]-k[k'] d[t]-t[t'] z[ts]-c[ts']-s[s]	б－п г－к д－т з－с	俄语辅音有清浊之分,没有送气不送气之分;有"浊辅音清化"的特殊语音现象,即浊辅音在词末或处于清辅音之前时,要发成相对应的清辅音,如 б 读 п, г 读 к, д 读 т, з 读 с,而汉语中没有辅音声母单独出现在词尾的现象,于是形成不送气辅音误读的偏误
	d[t]/t[t']+[i]	и	俄语辅音与 и 相拼或其后有软音符号 ь 时辅音软化,发音部位发生改变,舌中部向上抬起,形成汉语舌面音 ji[tɕi]、qi[tɕ'i] 误读的偏误
	zh[tʂ]-ch[tʂ'] j[tɕ]-q[tɕ']		易用舌面代替舌尖或舌面、舌尖连接硬腭成阻发音,将 zh[tʂ] 发为类似 j[tɕ] 的音,ch[tʂ'] 发为类似 q[tɕ'] 的音
	r[ʐ]	р/ ж	易读作俄语里常用的舌尖颤音 р 或辅音 ж
韵母	ü[y]	ю	因撮唇度不够,易读作俄语的 ю 或者汉语的 iu[iou]
	e[ɣ]	e	易读作俄语的 e [iɛ]
	i[i][ɿ][ʅ]	и	没有区分三个音位,读作俄语的 и
	[iou][uei][uən]		复元音韵母加辅音声母时,书写中省略韵腹,中亚留学生发音时易忽略韵腹
	ang[aŋ]、eng[əŋ] ing[iəŋ]	н	俄语中没有前后鼻音之分,н 为软音,发音时舌尖上翘,不像汉语拼音里的后鼻音那样发音部位向后靠。中亚留学生易出现前后鼻音不分的情况

	汉语音素	俄语相似音素	偏误表现及原因
基本调值	阴平 55	44、45、33	调值不够高
	阳平 35	45、44	升的幅度不够
	上声 214	45、44、35、42	有升有降，偏误类型多样
	去声 51	45、44、42	降的幅度不够

（二）中、高级阶段偏误

中、高级阶段留学生经过一两年的语音不断巩固和练习之后，在书写和拼读方面基本不会再出现偏误，但声调仍然是最主要的偏误。

1. 平声泛化

读每个汉字的区别只是有的人普遍高些，有的普遍低些；或者两个字一高一低，但都是平调，从始至终呈现同一种情况；这些字音全都位于调域的 3 度上下，绝大部分是 44 或 45 这样的调型，这是最典型的"千篇一律"的情况。

2. 平调＋升调

这样的偏误类型有两种：第一种是低平调和高升调，即第一字读为调域较低的平调或微降调，约 32，第二字则为 45 这样的升调。另一种情况是高平调和升调，即 55 和一个 25，比阳平的调域还宽一些，从较低升到最高，于是形成了一平一升的情况。

3. 升调＋平调

这里的升调是标准的阳平，即留学生偶尔会读出一个完整的 35 调值，然后读一个平声，调值在前一个音的中间，不高不低，位于调域的 4 度中。

三、中亚留学生汉语语音偏误成因

通过对中亚留学生语音偏误的调查分析，我们可以发现他们偏误的类型是多种多样的，产生偏误的原因也是由多种因素导致的。我们将从母语的负迁移、目的语知识的负迁移以及训练问题三个方面谈偏误产生的根源，并在此基础之上结合中亚留学生的实际加以分析。

（一）母语的负迁移

中亚留学生习惯用母语语音规律代替汉语的语音规律，是语音偏误最直接的表现。俄语属印欧语系，俄文是一种拼音文字，因此，留学生很容易接受汉语的注音符号——汉语拼音。在入门阶段，中亚留学生很自然地直接将汉语拼音与俄语中书写类似的字母等同起来。他们的这种做法使他们能很快记住一个注音符号，因为汉语拼音的声母、韵母与俄语的辅音、元音大部分有着相似性和对应性。他们的母语语音的迁移中有一部分是正迁移，如，汉语拼音里的 l、n、m 在俄语里也读作相同的读音，因此这些音他们一定不会读错。但母语对他们的影响除了正迁移以外，更多的还是带来了干扰，对于中亚留学生来说，最难发的音是那些与其母语类似而容易混淆或发音完全不同的音。

（二）目的语知识的负迁移

目的语的负迁移是偏误分析的一项重要特征。受母语知识影响的负迁移多半出现在学习者学习汉语的初期，而目的语知识的负迁移则是在学习者学习汉语中期和后期明显地表现出来的。中亚留学生读双音节词时"千篇一律"地出现的"平调＋升调"，就是这样形成的，他们认为汉语就是要拐着弯说，语调的整体面貌就是曲折的、抑扬顿挫的，但又不知具体怎样上升下降。这些都是由语内迁移造成的偏误。

（三）学习方法

大部分学生在学习方法调查中选择了自己背生词，这一方面说明他们以为认真学习就能学好汉语；另一方面，内向型的学习策略不利于教师发现问题和解决问题，更不利于纠正和规范语音。此外，大部分中亚留学生认为发音准了才能让别人听懂，达到交际的目的，能意识到汉语发音的重要性，但他们的语音发音情况还是很不容乐观的。

（四）课堂教学的因素

在一般的汉语教学中，零起点的中亚留学生首先经历为期 20～30 学时的语音教学训练，即开始的前两周到三周。中亚留学生掌握汉语拼音及必要的汉语语音知识后，将为后续的汉语学习奠定良好的语音基础。课堂上的学习是他们汉语语音学习的主要途径。

在实际的对外汉语课堂教学中，汉语拼音教学的任务是在综合课、口语课和听力课上共同完成的，时间基本上都没有超过两周。综合课的课时多一些，能对汉语拼音从听、辨、读、注等方面进行讲解和训练；口语课集中在读、注方面；而听力课则从听、辨方面训练。语音部分在留学生的汉语教科书中只占前面很少的一部分，分声母、韵母、声调以及儿化、语流音变等。学生大都是在学完了所有的音素及其相拼的读法之后才接触声调，而在未涉及声调时通常都用阳平或随机变化的声调来进行教师领读和学生跟读。在进入词汇和汉字阶段学习时，每课都有很少的、循序渐进的发音与辨调练习，作为每一课的预备练习。

（五）《汉语拼音方案》的影响

汉语拼音是外国人学习汉语特别是汉语语音的重要工具。它们在外国人学习汉语的过程中发挥了积极的作用，但与此同时，也诱发了学习者的一些发音偏误。《汉语拼音方案》是为以汉语为母语的中国人设计的，并不能完全满足外国人学汉语的语音教学的实际需要。

《汉语拼音方案》的一些处理方法很容易使学生产生错误。例如单韵母 i 可表示三个不同的音素，却共用一个字母，学生很容易以一个音素代替其他两个音素，从而造成偏误；如声母 j、q、x 与 ü 相拼时省略两点，把三合元音 iou、uei 省略成二合元音 iu、ui，以及把 uen 简写为 un 等做法，都容易使学生产生偏误。中亚留学生汉语拼音先于实际发音获得，因此如果这种注音的符号和真实读音不是一一对应的话，一定会影响学生汉语语音发音的精确度，也会影响听力理解的准确度。

四、中亚留学生汉语语音教学策略

声调对母语是非声调语言的学生是有特殊困难的。（鲁健骥，1984）在汉语教学中，语音是对外汉语教学的基础，不仅会影响学习者对语音的掌握，而且会影响语法和词汇等方面的学习。因此，语音教学的重要意义应该重点强调，语音训练应该贯串基础教学的始终。

（一）提高教师素质

对外汉语教师首先应规范自己的现代汉语普通话语音。目前，新疆的对外汉语教学的师资力量很大一部分来源于新疆已有的教授少数民族学生的汉语教师队伍，其中有些教师的发音并不标准。教师要十分注重自己汉语的规范性，不仅汉语口语普通话要发音标准，还要有很扎实的汉语拼音基础，要时时检查和纠正自己的语音情况。在对外汉语教学中，教师应遵循以下几个原则。

第一，系统性。汉语语音具有很强的系统性，这种系统性体现在单位的组合和聚合上，充分利用这种系统性，将大大提高语音学习的效率。对于已有俄语背景的留学生来说，要帮助他们重建汉语语音体系，而不是在俄语语音体系的基础上附加新的语音知识。

第二，针对性。以俄语为母语的留学生与其他以英语、日语、韩语为母语的留学生在学习汉语语音时出现的偏误是不同的，这就要求教学要有针对性地对留学生的学习难点进行教学，突出重点。一方面要加强汉俄，以及汉语与其他中亚民族语言语音系统的对比研究，发掘系统性的差异；另一方面，要注意学生的个性差异，针对不同学生的具体要求、具体情况，不断检查、纠正、练习、巩固语音教学的成果。

第三，模仿性。现在的语音教学一般都是由教师先进行示范和指导，然后让学生进行模仿，在先听后说的过程中让学生逐渐掌握辨音和发音的能力。教学经验告诉我们，大多数学生用直接模仿的方法可以学会全部发音。在模仿的时候，教师有时需要辅以一定的手势、图示等。

此外，要不遗余力地使用现代化的教学手段。目前，利用计算机可以进行声母、韵母和声调的语音动态分析和展示，静态的声韵母的发音舌位图、唇形图和腭位图都可以用动态的形式来展现和演示。它使学生能够更好地对比教师发音和自己的发音，从而起到纠正和规范的作用。特别是在初级阶段，运用各种手段来形成他们正确的语音，是完全有必要的。

我们可以分课前、课上、课后三个时段运用多媒体教学手段进行辅助语音教学。首先，课前让学生有意识地准备，初步模仿，教师根据学生模仿发音的偏误表现或教师积累的偏误类型确定难点和要点；其次，在课堂上，在充分讲解发音要领和音素区别之后，可以有重点地纠正学生的发音偏误，运用多媒体录音工具，录制学生发音材料，并和标准的中国人发音做对比，让留学生自己找出其中的问题，然后逐步纠正；最后，在课后，如有条件，可以建议学生在网上学习汉语或录制自己的汉语发音的录音文件。这样能有效地提高留学生学习汉语的兴趣，使他们能积极查找自身的问题并努力纠正。

（二）运用多元化教学手段

1. 教师方面

对外汉语教师最好掌握一些学生的母语知识，以此来了解学生，并通过与学生的沟通尽快掌握学生的学习目的、学历、个性特点等基本情况；关心帮助学生熟悉新的生活和学习环境，消除焦虑。教师要成为学生的良师益友。

语音教学中摸索出来的夸张发音、教具演示、对比听辨、手势模拟、声调结合、以旧带新等具体方法都可以用在对外汉语教学的课堂中。教师要用直观的方法，让学生意识到自己的发音问题，并及时改正。教师的丰富经验还要与热情结合，要积极充当主持人的角色，而不是使学生听话和紧张；要主动激发学生的学习热情，努力创造轻松、愉快的课堂气氛，并帮助学生建立学习中的低焦虑环境和低屏蔽效应。

教师的教学内容也应该难易适中，如果学习内容过难，就容易使学生产生畏难情绪，挫伤他们学习汉语的积极性；如果过于容易，就容易让学生没有成就感，丧失学习兴趣。所以教师应当保留一些灵活处理教材内容的权利。

2. 教法方面

（1）运用直观的手段

在对外汉语语音教学中教师可使用演示法进行教学。例如，在讲汉语声母的发音时，教师先用图解法，让学生知道发音的部位、气流的出处，并了解发音方法包括塞音、塞擦音、塞音等。塞擦音的发音，教师可以指着发音部位为学生演示。当中亚留学生掌握送气音与不送气音的差别存在困难时，老师就可以针对这一点采用演示的方法：拿一张很薄的纸，放在嘴的前方，让学生从发音时纸的颤动与否，体会送气与不送气的差别。这样的演示学生很容易理解，而且印象深刻。在教声调时，可以用手势画出每一个声调的走向，从而让留学生得到一个直观的印象。但这只适合于初级阶段的静态语音教学，在具体的语流音变中，则要变通方法。

（2）分层次教学

即使留学生能读出完整的、标准的单字音节，他在具体的语流中也不一定能读得和中国人的普通话一样字正腔圆。在单字音和句子、文段中间，可以加入一个双音节词语的声调模式来定音，将所有声调的组合方式做成练习让学生熟读，然后再拿同样声调组合的词语来做发音练习，这时他们就能"照谱唱歌"，有一定的音高标准了。这时再让他们读句子和文段，就比直接从单字声调跳到句子的音变效果要好得多。因此，提倡"字—双字词—三字词—词组—句子—文段"的有层次的语音教学顺序。

（3）多巩固，严要求

教师在教具体的某个音时，要处理好难点与重点，对语音教学阶段的难点与重点应当辩证地认识。对中亚留学生的教学手段应当适当变通，特别是在声调的训练方面，不一定要求学生按一声 55、三声 214 的调值摇头晃脑地精准模仿，可要求一声拖长一点儿，高一点儿，三声发低一点儿，轻声发短一点儿。在教学中，教师可选几个音节声调比较典型的句子作为样句，让学生读准记熟。学生可以在同一句话中比较声母的区别，这不仅满足了他们对表达的强烈需求，也可以对课堂气氛起到调剂作用，一举多得。平时，教师需加强声调听辨训练，在单字声调听辨练习中主要区别阴平和阳平两种声调，反复辨音后，布置任务，让中亚留学生简单地用汉语表达两种声调的区别；然后教师可以结合汉语四声调值图，讲解两种声调的特征并进行区分；最后，反复进行发音训练，反复纠音，帮助留学生记忆，以达到熟练掌握的目的。

（三）提高教材的针对性

汉语语音的重要性决定了汉语语音教育以及技能的培养将是一个长期的过程，因此汉语语音在教材中应受到相当的重视。现有的教材中虽然安排了一定的篇幅，但对于学好汉语语音来说还是不够的。因此，对外汉语教学可以选用专门讲练汉语语音的教材，按照教材介绍有对比地、系统地进行教学活动。

同时，教师应该针对中亚留学生因材施教，对不同母语背景的中亚留学生采用不同的语音教材，并且采用重点不同的教学方法，有针对性地解决中亚留学生的发音偏误问题。教材中可多设计一些有意义的语音练习，提高留学生学习汉语的兴趣。

目前还没有针对中亚留学生专用的语音教材，鉴于语音教学的重要性和中亚留学生汉语学习的特殊性，有必要编写有针对性的专用语音教材。教材应体现以下几个特点：第一，以有意义的词语或句子为载体，如，可以从"你好""老师""拌面""抓饭"等在他们的生活中常用、又不乏地区特色的词语和句子入手。当然语音教材只要求学生会准确读写拼音，并与意义相结合就可以了。汉字要标出，但开始阶段不要求辨认，等到学生对音节的了解非常熟练，读这些很熟悉的词语、句子不会出现错误时，再要求认读汉字。这样可达到交际的目的，也增强了他们学习汉语的自信心和兴趣。第二，从韵母和声调教起，注意要同时出现，让学生养成现代汉语里元音占优势、每个音节都有声调、有且只有四种基本声调的意识。先教单韵母再教复韵母，细教慢教，在有意义的词语音节中教，重点讲练纠正本节前半部分谈到的易错音。第三，教声母时要有顺序，也是从易到难，先教易于正迁移的辅音音素，再教易于负迁移的音素，并分散难点，有重点地讲练。第四，近年来学术界关于语音教学法在不停地推陈出新，从音素教学到语流教学，到音素和语流结合教学，再到有人提倡的音节教学。研究表明，应该有层次地开展语音教学，循序渐进，从音素到音节再到词语和句子，让学生形成良好的发音基础。在声调方面，从起步阶段就用四种基本声调的不同排列组合帮助学生定音，杜绝留学生自己创造声调或调值不够的现象。在此基础上，再不断推动语音教学向更高层次发展。

中亚留学生对于动态声调组合把握不足，阳平和上声是中亚留学生习得汉语声调的难点所在，他们对汉语声调的相对音高把握不准。因此，教师在教学中要采取语音知识持续性教学的具体措施，不仅仅局限在课内。此外，为了降低中亚留学生汉语语音学习的难度，教师还要主动地运用语言对比理论和迁移理论，进行语音对比教学。鉴于此，须在教材上实现语音知识呈现的持续性。

第三章

中亚留学生汉语词汇教学

第一节　教学原则

一、要把握语素、字、词结合的教学原则

语素教学，即在讲一个新词时，把使用高频的、构词能力强的语素意义教授给学生，学生学会语素的基本意义后，再接触由该语素组成的其他新词时，就会根据其语素的意义去理解和记忆新词新义。（纪永祥，1985）这样，既可以减轻学生的学习负担，又便于学生自主学习。

例如，讲"丢失"这个词时，"失"是一个构词能力较强的语素，若是我们教给学生"失"的语素义，那么，学生遇到"失学""失信""失职"等新词时，就可以依据"失"的语素义进行猜测。另外，汉语的词汇是以一个个汉字为基本书写单位的，每一个字都有自身的意义，在单个汉字语素与其他语素组合成词的时候仍部分保留原来的意义。

二、要把握在语境、句子中教学的原则

我们要教给学生的，不是语言中的词汇，而是言语中的词汇。语言中的词汇是静态的，是描述的方式来释义的，例如词典中的释义、教材中生词的释义。我们要教给学生的词，应该是动态的，也就是说，要教会学生如何使用这个词，如何用这个词来表达。（葛本仪，2004）一个词出现的上下文正是这个词所处的语言环境，语言环境的制约赋予了这个词某种物化的含义，也影响着词语的使用。因此，要注意结合句子和语境的方法进行词汇教学。俄语中的名词、动词、形容词及前置词等多类词汇往往是多义的，具体意义由语言环境来决定。

如，история 原译为"历史"，在某些语境中却译为"故事"。

Люди сами строят свою историю.　人们自己创造自己的历史。

Вот, если желаете, то я расскажу вам одну очень поучительную историю.　如果您愿意的话，我给您讲一个有教益的故事。

三、要结合词的组合关系和聚合关系进行教学

词汇的两种基本存在方式是组合关系和聚合关系。组合关系讲的是词与词之间的搭配，是横向的；聚合关系讲的是词语类聚，是纵向的。造句功能相同的词，还存在不同词语的固定搭配问题。词语搭配是词汇教学中的一个重要环节，学习词义的同时应掌握该词的用法。比如，讲解词汇"大号、T恤衫、比、顶、棒球帽、就、镜子、裤子、肥、时髦、短、瘦、减肥"时，首先，教师要利用聚合关系对词语进行有目的的分类和延伸，将其分成：服装鞋帽类词汇（T恤衫、棒球帽、裤子）、服装尺寸和数量类词汇（大号、顶、肥、短、瘦）、健美类词汇（减肥、时髦）、其他类词汇（比、就）。然后在利用聚合关系讲解"大号"时，可延伸讲解"中号""小号"。利用组合关系进行词汇搭配的教学。就上述词汇可以进行一下搭配引导：大号的T恤衫，大号的T恤衫有点儿肥，穿大号的T恤衫很时髦；小号的T恤衫，小号的T恤衫有点儿瘦，穿小号的T恤衫很时髦。

四、在词语释义上要把握准确原则

首先，应尽量避免循环释义。比如，讲A和B两个词时，如果我们告诉学生A就是B，B就是A，这就犯了循环释义的毛病。学生在既不知道A是什么，也不知道B是什么的情况下，是不会运用这两个词的。

其次，单纯地用义素描写的方式去释义这两个词，不利于知识的教授，学生还是不会运用。比如，"充满"这个词，有的教师这样解释："充满"就是"填满、布满"。而"充满"在《现代汉语词典》中还有"充分具有"一义，例如"充满希望、充满阳光"。学生会反问："'碗里充满水'行不行？"老师在这里一定要给学生做出"充满"意为"完全充满"的解释。

再次，讲授要能把词的内涵揭示出来。例如，有的老师在解释"加强"时说"'加强'就是'多做某件事情'"。结果学生就造出了"我们要加强吃饭""我们要加强休息"这样的句子。假如能把"加强"一词的"使更坚强或更有效"这一义项揭示出来，学生就会少犯或不犯上面的错误了。

最后，一个汉语词往往有几个义项，每个义项对应不同的俄文意思。如果用某一义项对应的俄文来解释，那么学生就会把与该俄文对应的其他

义项当成该词来使用。例如，"请……帮助"可以用 пожалуйста 来解释，但是反过来，пожалуйста 还有"谢谢"的意思。因此，不要用与一个汉语词的某一义项对应的俄文去释义该词。

第二节　教学目标

词汇在对外汉语教学中有着举足轻重的地位。

首先，词汇处在各级语言要素的中间位置，它下面可以连接语素，上面可以延伸到词组、句子；其次，汉语是语义型语言，语义主要体现在词汇中。因此，汉字词汇教学可以在计量统计的基础上，抓住常用先学、常用多学的原则。根据《现代汉语常用字表》（1988）统计，2500 个常用字覆盖率达 97.97%，1000 个次常用字覆盖率达 1.51%，合计（3500 字）覆盖率达 99.48%。从词的角度来说，《现代汉语频率词典》（1986）8548 个高频词中"出现 1000 次以上的词共 175 个……累计频率为 48.8337%。出现 100 次以上的词共 1678 个……对语料的覆盖率为 80.1015%"，前 5000 个词"对语料的覆盖面达到 91.6675%"。

任何语言学习的基础都是词汇，它贯串语言学习的始终。词汇教学的一个重要目标是提高学生的词汇认知能力。词汇认知能力是一种词汇学习的综合能力，具体表现为：词汇意思理解的准确性、词汇使用的正确性和词汇运用的得体性，这种能力要建立在语言知识和相关文化知识的基础上。词汇教学的效果直接影响留学生汉语学习的整体水平及汉语交际能力。在教学过程中，汉字、词汇的学习是基础，培养留学生的汉语交际能力是教学的最终目标。留学生掌握足够的词汇并且准确使用，对其交际能力的提高尤为重要。所以对外汉语中的词汇教学，主要内容就是教给学生如何使用词语，学会区分日常口语词汇和书面语词汇，在不同的场合正确地使用。同时，需要学生清楚，书面语词汇与口语词汇并不是泾渭分明、截然分开的，有时书面词汇可以应用于口语的表达。因为，词汇教学涉及的内容广泛，任务繁重，所以教学要分阶段、有侧重地完成目标。

第三节 教学方法

一、利用实体事物、手势语等来讲解词语的意义

实体事物主要是自然界中实际存在的事物，如"桌子"，在教学中，老师可以结合眼前的课桌来告诉学生"zhuōzi"这两个音节形式所代表的内容及意义。手势语主要用于帮助中亚留学生理解学习动词。利用实物及体态解释词汇，主要利用这种方法的直观形象性辅助教学，这种方法在一定程度上能够降低理解的难度，有利于提高学生学习汉语的积极性。

二、结合语境理解词语的意义

汉语中一些简单的词汇都可以用上述方法来解决，但也有很多词汇用上述方法不能解决，那么不妨放在具体语境中来理解，因为语境在汉语学习中的作用举足轻重。语言词汇的学习，是言语中的动态词汇，而非语言中的静态词汇。教会学生如何使用所学词，如何使用词汇来正确地表达意思，是汉语教学的最终目的。结合语境和句子来进行词语教学是教会学生正确使用词汇和表达自己的最有效的方式。

例如，"怎样"这个词，它有几个不同的意思，如果不结合具体的句子教学，就很难说清楚它的意思。（1）询问方式。"怎样＋动词"，动词不用否定。例如，"他爸爸突然去世的事情，我该怎样跟他说呢？""应该要怎样才能学好汉语呢？"（2）询问性质。加"的"修饰名词，名词前有"一＋量词"时，"的"可以省略。例如，"你是用怎样的方法学习汉语的？""乌龙茶是怎样（的）一种茶？"（3）用于虚指。等于口语中的"怎么"。例如，"不知道魔术师怎样一变，就变出一束花来。"（4）用于任指。口语中多用"怎么"。前面用"不管""无论""不管"，后面常用"也""都"呼应。例如，"不管天气怎样恶劣，他都坚持走几十里的山路去学校给孩子们上课。"两个"怎样"可以连用，表示条件关系，例如，"武术老师怎样做，

你们就怎样做就行了。"（5）询问状况。做谓语、补语、宾语。例如，"你的身体怎样？""工作完成得怎样了？""以后打算怎样？"

具体而言，教师在教学过程中，可以从以下几个方面进行对比分析，帮助学生理解。

1. 结合语言环境讲解词语的语用色彩

依据词的语用特点，在向学生讲解其释义时也要结合语境，如"下榻""会晤"这样的词，如果不结合句子或者语境，学生往往造出下面的句子。

　　*第一次到乌鲁木齐，我下榻在西域国际酒店。

　　*周末我会晤了很多中国朋友。

通过告诉学生这两个词用法较为正式，适用于郑重场合，就可避免学生再犯类似的错误。

2. 利用反义词的词义对比进行教学

如：большой（大）— маленький（小），быстро（快）— медленно（慢），высокий（高）—низкий（矮），сложный（复杂）— простой（简单），трудный вопрос（难的问题）— простое дело（简单的事情），трудные условия（艰苦的条件）— спокойная жизнь（安逸的生活）等。

3. 利用语素义来理解整个词语的意思

这种方法要在了解汉语构词方法的基础上才能使用。在理解某个词中一个语素的意思之后，再引申到一系列跟此语素意思相关的词，汉语中的"家""者"表示从事某种活动的人，如"音乐家""舞蹈家""学者""侵略者"等。同样在俄语中也存在这样表示从事某种活动的人的词缀，如-ант，例词有 музыкант（音乐家）、курсант（学者）、дебютант（初登舞台的演员）、оккупант（占领者）等。词缀-изм 表示学说，政治派别，例词有 марксизм（马克思主义）、анархизм（无政府主义）、фашизм（法西斯主义）等。

4. 利用同义虚词的对比进行教学

汉语中有大量的虚词，更有许多的同义虚词。比如"还"和"更"的对比，"又"和"再"的对比，这是副词的对比，在虚词教学中，也可以借鉴。例如：

（1）他比昨天来得还早。

　　他比昨天来得更早。

（2）请再读一遍。

　　　　他又读了一遍。

5. 利用母语和目的语的比较进行教学

　　各族语言词汇有异同之处，我们可以利用它们之间的相同和不同理解汉语的虚词。如汉语中的"和"，俄语中对应的词为и。但在汉语中"和"既是连词又是介词，在"我和她一起去车站"一句中是做连词用，在"我和他商量一下"一句中是作为介词来用的。而и只能作为连词来用。通过这种对比，就可以使中亚留学生比较容易地掌握"和"的意思和用法。

　　对于留学生来说，较难的语法点就是"了"这个汉语中的重要虚词，之所以这样，有以下几个原因：一是书中注解不当，使学生在学习的过程中产生了泛化，如把"了"的语法义概括成了"完成"，这就出现"写了""询问了"等的行为整体和"跳了起来""吞了下去"等的开始意义难以用"完成"来解释，把"坐了坐""唱了一天"解释成"完成"也很牵强；二是教师经验不足；三是学生的语法知识不牢，把有限的目的语知识套用在新的语言现象上；四是学生想当然地把母语的语法规则套用在目的语的学习中。下面简单就"了"字句与俄语相关的语法范畴进行比较。

　　"了"分动态助词和语气助词两种，我们分别称为"了₁""了₂"。

　　汉语动词后加"了₁"，把动作看作已经完成，例如：

　　　　你先去，我吃了饭就去。

　　语气助词"了₂"有成句作用，说明在一定时间内某一动作已发生或某种情况已出现。在肯定句中一般位于句子末尾，其表达形式为："句子＋了₂"。例如：

　　——你去哪儿了？

　　（Куда ты ходил?）

　　——我去商店了。

　　（Я ходил в магазин.）

　　——你买什么了？

　　（Что ты купил?）

　　——我买面包了。

　　（Я купил хлеб.）

　　在俄语中，表达这一相同的用法时，都用动词过去式表示，如上例中的

ходил, купил。以俄语为母语的学生在学习中就会产生偏误，把"了"看成了过去式的标志到处套用，认为所有过去发生的事情都应加"了"，就会出现如下的病句：

　　　*昨天他上午去了图书馆，下午去了听了音乐会。

　　　*我去了看他的时候，他在家看电视呢。

　　又如，实际上"了₂"还可以指变化或出现新的情况。但是许多学生无法理解这种语法意义，而只是绝对地认为"了"仅表示完成。例如：

　　　天快亮了，一会儿就可以起床吃早饭了。

　　中亚学生常把表示完成的"了"当作表示"过去"的"了"。俄语的时态是句中动词不可分割的一部分，往往用过去式来表达过去的动作，可是汉语中的"了"不一定表示完成的动作。

　　6. 利用词语的组合关系和聚合关系进行教学

　　韩礼德认为，语言中发生的错误都要从搭配的角度加以解释。（齐春红，2005）词语搭配是词汇教学中一个重要的环节，学习词义的同时应掌握该词的用法。例如"参观"和"访问"这两个词，都可以充当句子的谓语，都可以翻译成俄语的 осматривать。因此，教师可以利用词语搭配进行讲解。比如说"抚养"的宾语可以是子女、孩子，"赡养"的宾语可以是父母、老人，"饲养"的宾语可以是动物、家禽。离开了用法的词义，学生很难真正理解。因此，除了通过翻译（给对应词，以注释的方式解释词义）外，还要通过词语例解来引导学生领会、理解该词的意义和用法。如汉语的"等，等候""住，生存"可以和俄语的 ждать，жить 对应。

　　徐子亮（2000）提出将汉语贯串于外语教学的全过程，也就是指汉语语言模式的构建和匹配，把搭配问题贯串于汉语学习的始终。因此，我们应该重视词汇的搭配问题，在教学中牢牢把握这一原则。此外，扩大词汇量是词汇教学的另一重大任务，教学过程中，要利用词语中某个有类聚作用的语素，纵向联系，把带有该语素的其他词也一并教给学生。例如：讲偏旁是"扌"的字"扔"时，可以把"投""扛""提"等表示动作的几个动词也教给学生。这样利于学生联想记忆，更能扩大学生的词汇量。当学生把汉语译成俄语时，也必须要按照俄语的组配习惯和组配方式加以调整。例如，汉语中的"做衣服"和"做饭"，同样都是一个"做"字，但译法却不同，俄语要译为 шить платье 和 готовить обет。

第四节　面向中亚留学生的汉语词汇教学

采取灵活多样的教学方法，激发学生的学习兴趣。依照学生需求，设置多元化课程体系；举办各类语言比赛和语言实践活动，全方位提高学生语言能力；精心设计课堂与管理，运用高效、合理的教学方法等。

一、初级阶段的学习者适用的词汇教学方法

（一）直观教学法

利用具体的实物、体态语和手势语来解释词汇是形象、生动且直观的，更便于学生接受、理解和记忆。对于初学者，这种直观的学习方法效果更好。如教学生"灯"这个名词，在教学的过程中，老师可以一边用手指着灯，一边在黑板上规范书写汉字，并且大声领读。如教"地图"这个词时，老师可以提前准备道具——地图，并利用地图开展游戏，第一轮让学生快速指出自己的国家在哪里，其他同学进行识记，第二轮让同学快速指出对方的国家在哪里。这样不仅能记住所学的词，而且还能加强学生之间的交流，同时也能最大限度地调动学生们的主动性和积极性。学生就可以结合眼前的实物学会"dìtú"这两个音节形式所代表的内容及意义。利用体态语和手势语不仅能够解释名词，也可以用于帮助留学生理解和学习动词，如"跑步""读书""听音乐"等简单的词语就可以用体态语或手势语来形象地解释。这种方法不仅能让学生更准确地理解词汇，还能更容易地记住词汇，最大的意义还在于这样有利于提高学习者的学习兴趣，进而提高教学质量。

（二）多媒体教学法

在汉语教学中，各类多媒体教具的使用，发挥了重要的作用。多媒体依靠直观、生动、表现力强等多种因素，使学生能够更加准确、快捷地理解教材中的词句、语法、语境及文化点，听觉和视觉的结合更能够提高学

生的学习兴趣和汉语教学效果。所以，在纸质教材的编写基础上，还应该拓宽教材开发途径，重视多媒体教材的编写与开发。多媒体教材结合纸质教材，通过课文录音、听力练习、注解等还原课本内容，还可以通过图片展示、日常情景模拟、文化风俗介绍、电影剪辑等方式拓展课文内容，丰富课文知识。一套带有文字、图像、声音等各类信息的多媒体教材，不仅可以提高学生的学习兴趣，还有利于培养学生自学的习惯与能力，更能满足学生的学习需求。对一个在科技时代背景下出生的学生而言，这也符合学生追逐科技时代潮流的精神。

随着社会经济的发展，电子信息化有了高度的发展，计算机的普及为我们的教学工作提供了便利。教师可以引用并分享课件，可以利用网络搜集有用的图片、视频和动画等；可以根据需要选择适当的方法，把要求掌握的词语通过计算机展示给学生。多媒体图片展示法就是其中一个最简单又最常见的方法。图片展示的方法不仅能比较直观地展示一些事物的具体名称，而且它还能帮助学生掌握平时比较复杂难解的虚词。例如，"不但……而且……"，教师可以通过图片展示出来：画一个小女孩，长得很漂亮，再画一幅她高兴地拿着成绩单的图片。这样我们就可以说，"安娜不但长得漂亮，而且学习也很好"。再让学生自己根据给出的图片进行替换练习，这比起教师非常枯燥地直接讲词语的具体意义和用法效果要好得多。另外，在课堂上，播放一些有意义的音频和视频资料，更能使学生集中注意力，比起单调地跟读，效果要好得多，也能在很大程度上减轻教师的教学负担，学生和老师很轻松地实现双赢。而丰富多彩的课件，从某种程度上也能够激发学习者学习汉语的热情，让学生很轻松地记住课堂所学的词汇，并且也让学生了解了在什么语境中运用什么样的词汇，这样的良性循环更能提高他们的汉语能力。

（三）母语辅助教学法

零起点的语言学习者在语言习得的初期，常不自觉地将母语当作一种辅助学习的工具，这是教师也无法改变与避免的。迁移理论证明，学生已获得的语言知识必定会对他学习一门新的语言产生影响，也可以称为语言迁移，它分为正迁移和负迁移。因此，教师正确对待学生母语，最大限度地实现正迁移和最大限度地减少负迁移就成为语言教学的原则之一。因为学习者在学习初期未能养成目的语——汉语的思维习惯，这时，可以适当地运用学习者的母语对目的语词汇进行解释。目的语与母语对应明显的词，用学习者的母语进行翻译和解释，一点就通，便于学习者理解记忆。对于零起点或者初学者来说，是非常奏效的。例如，针对官方语言是俄语的中亚学生来说，我们要教授"茶"这个词时，如果手边没有具体的实物，我们又无法用汉语精准地对"茶"进行形象地描述，教师如果能正确地拼写出和这个词对应的俄语单词 чай，那么学习者马上就能明白这个词语的含义，而且连带着茶的特性和用途都理解了。留学生通过对比分析汉语及其母语的区别，既能改善只依靠死记硬背来学习词汇的学习方法，又能促进学生与老师之间的互动，增进情感，而且还能使学生对汉语产生浓厚的学习兴趣。但有时由于母语的释义不够准确，因此需要教师很好地把握使用母语的量和度。

（四）语素教学法

语素教学法引导学生根据新词中学过的旧语素的意义来推测新词的意义。如：学了"笔"和"袋"就能明白"笔袋"的意思；学了"台"和"灯"就能明白"台灯"的意思；学了"成绩单""存款单""惩罚"三个词后，再学习"罚单"的时候，就能很快明白该词的意义。通过这样的学习方法更有助于提高学生的阅读能力。

（五）语境教学法

任何语言都是依存于语境，而非单独存在的，而具体的语境可以使难理解的抽象词语变得更加具体、直观、形象。不同的语境对词语的使用要求不同，而同一个词在不同的语境中的反复出现还可以加深对该词的记忆和理解。语境教学法在整个对外汉语词汇教学中相对比较重要。对于初级阶段的学习者来说，他们不具备汉语的语感，而且还容易受到母语的影响和干扰，因此语境教学法在此阶段的作用就尤为重要了。语境教学法将学习者很自然地带入到汉语的具体语境之中，为他们创造出一个具体的运用汉语的环境，让他们耳濡目染，培养他们用汉语的思维方式进行学习和思考，这样汉语也能潜移默化地影响到学生。汉语中存在大量的同义词，可以在具体的语境中来分析、比较这些同义词，理解它们之间存在的差别。例如"结婚"一词，在教学过程中，我们要为"结婚"提供一个生动形象的语境，既能体现"结婚"的意思也能理解它的用法。针对"结婚"的用法，可以提供几个具体的语境。例如：

阿依达下个月就要和古丽娜孜结婚了。

我是 2007 年结的婚，已经结婚八年多了。

他自从结了婚，整个人都变了。

这样，给出了具体的语境，学生就能很好地理解"结婚"这个词了。平时教师应培养学生在具体的语境中猜测生词的能力，在讲解较难理解的抽象概念的词语时也可以设置具体的语境。例如，在讲"深"字时，可以举例，来帮助学生理解。

这条河很深。

我和同学的感情非常深。

这条裙子的颜色有点儿深。

这本书写得很深。

通过几个简单的例子，"深"的常用意思就非常明确了。

（六）游戏教学法

这种方法适用于没有任何基础的初学者，可以活跃课堂气氛，让每个学生都积极地参与，使学生很容易记住本堂课的主要内容。例如：在讲解汉字的时候，将准备好的卡片发到提前喊到讲台上的学生手中，有些学生手中的卡片是拼音，有些学生手中的卡片是汉字，有些学生手中的卡片是声调，可以让学生通过"找朋友"进行组词，然后再根据组的词进行对话。这样不仅能体会到与人合作的快乐，还能在轻松娱乐的过程中学到知识。而且此方法适用于多种课型，能使教学效果事半功倍。

二、中、高级阶段学习者适用的词汇教学方法及技巧

（一）语言意识培养法

所谓语言意识，是指借助于词汇、自由及固定词组、句子、篇章及联想等语言手段形成及外化的意识形象之总和。（杜桂枝，2006）语言意识包括五个方面：语音意识、词汇意识、语法意识、修辞意识以及语言国情文化知识意识。（李冬艳，2016）这里的语音意识是指从字母的学习就开始有意识地注意并发现俄、汉语言发音方面的差异，并且要注意发音与词语意

义之间的联系。

例如，俄罗斯人的名字有小名和爱称之分。

　　　名字：Владимир，小名：Володя，爱称：Володинька

　　　名字：Михаил，小名：Миша，爱称：Мишенька

　　　名字：Иван，小名：Ваня，爱称：Ваненька

　　　名字：Александр，小名：Саша，爱称：Сашенька

在词汇学习的时候，多注意建立词语之间的联系，在头脑中建立一个词语联想场，这样有利于词语的存储和提取。如 больница（医院）、медсестра（护士）、доктор（医生，教授）。доктор 有两个意思：医生和教授，当其与 больница（医院）、медсестра（护士）一起出现的时候，学生能比较轻松地判断该词的意思是"医生"，因此，语义启动词是很重要的。

语法意识要求我们有意识地对比俄语语法与汉语语法的不同。俄语中的一些语法结构是汉语不具备的，如在俄语中，用动词不定式表示的单句，是口语中常用的句型，其情态意义非常丰富。它可以表示可能与不可能、应该与不应该、愿意与不愿意，以及命令、担心、后悔、怀疑等情态意义。句中或者没有行为主体，或者行为主体用第三格形式表示。例如：

　　　Не шуметь! Идут занятия.　　别吵！在上课。

具体而言，不定式句的用法如下。

1. 表示行为的可能性和不可能性

在这种不定式句中用得最多的是表示不可能完成某种行为的句式。例如：

　　　Вам не справиться с этой работой.　　您胜任不了这份工作。

　　　Тут на машине не проехать.　　这儿坐汽车过不去。

表示可能完成某种行为的不定式句比较少见。例如：

　　　Пете залезть на дерево, а Мише нет.　　彼佳能爬到树上去，米沙则不能。

2. 表示应该和不应该

这类不定式句表示主体应该进行，他本人或说话者认为必须进行或面临的行为。例如：表示应该进行某一行为，相当于中文的"该……"或"得……"。

Он волнуется: сейчас ему выступать.　他很紧张，因为现在该他发言了。

Скоро уходить и Толе.　一会儿托利亚也得走了。

不定式句表示"不应该""不需要""不宜"等情态意义时，句中须有否定词 не。例如：

В город нам не ехать. Мы всё купили здесь.　我们不需要到城里去，所有东西我们都在这里买了。

Этот вопрос не мне решать.　这个问题不该我来解决。

否定句中，与完成体连用表示"不可能"，与未完成体连用表示"不应该""不必"。例如：

Вам не достать билет на самолёт.　您是弄不到飞机票的。

Компьютер не включить: нет света.　电脑打不开：没电。

Мне не защищать диссертацию.　我无法通过/通不过论文答辩。

Мне не учиться водить машину.　我学不会开车。

3. 表示要求、命令和禁止

这类不定式句表示说话者发出命令或该不该进行某种行为。例如：

С кем ты разговариваешь?! Молчать!　你在跟谁说话？！住口！

Всем отойти от аппаратов.　大家都离开仪器。

祈使句中，表示绝对的命令，否定句使用未完成体动词。

На стенах и на дверях не писать!　禁止在门上和墙上乱写！

По газонам не ходить!　草地禁止穿行！

4. 表示不可避免

这种不定式句的特点是，其主要成分用存在动词 быть 表示。例如：

Тебе обязательно быть писателем.　你一定能成为作家。

Туча идёт. Наверняка быть дождю.　过来一片乌云。一定要下雨。

5. 表示愿意、不愿意

这种不定式句指出说话者希望或不希望自己或他人完成某种行为。这种结构的特点是必须有语气词 бы。例如：

Отдохнуть бы нам, я очень устал.　我们能休息一会儿就好了，我太累了。

6. 表示后悔

这种不定式句表示说话者因做了某事或未做某事而内心感到后悔或惋惜。例如：

Прочитать бы мне эту книгу!　　我能把这本书读完就好了！

Не говорить бы ему об этом!　　不告诉他这件事就好了！

7. 表示担心、警告

这种不定式句"не+完成体动词+бы"表示说话者对某种行为的可能发生表示担心或提出警告。例如：

Не опоздать бы мне!　　我可别迟到了！

Не простудиться бы ему!　　他可别感冒了！

8. 表示怀疑、犹豫不决

这种不定式句表示说话人对是否能够或宜于进行某种行为犹豫不决、动摇不定。这种意义用疑问句来表示，且句中要有否定词 не 和语气词 ли，或只有连接词 или。例如：

Не отдохнуть ли тебе?　　你要不要休息一下？

Покупать или не покупать эту книгу?　　买不买这本书？

在"не+动词不定式+ли"结构中，使用完成体形式带否定代词 некого, нечего 和否定副词 некогда, негде, некуда, незачем 的不定式句是特殊的一类。这种结构表示客观上没有可能进行不定式所表示的行为。例如：

Мне некогда ехать с вами в город.　　我没有时间跟您进城去。

Негде поставить цветы.　　花无处可放。

Нам не о чем разговаривать.　　我们没什么可交谈的。

表示客观上有可能进行不定式所表示的行为时，则用"есть（было, будет）＋疑问代词"或"疑问副词＋不定式"这种结构，句中主体用第三格或"前置词 у＋第二格"结构表示，句中系词还可以使用 найдется/нашлось, останется/осталось 等。例如：

Мне есть чем заняться.　　我有事情可做。

У них было где ночеваться.　　他们曾经有地方过夜。

У него осталось на что жить.　　他还有可以维持生活的东西。

У него найдеться что рассказать.　　他会有可讲的东西。

语言意识反映了民族思维及其表达方式的差异，是民族思维的精华，也体现出了该民族的语言世界图景。语音意识直接影响了教学的质量；词汇意识是不造成学生理解歧义的保证；语法意识是确保学生翻译出正确句子的关键；修辞意识可以监督规范使用不同修辞色彩的同义词，如 лицо（脸，中性），рожа（嘴脸，贬义）；文化知识意识很必要，各民族对于同一形象的语言表达不同，如 ехать зайцем（直译为：兔子乘车，意译为：无票乘车的人），немый как рыба（像鱼一样沉默），而中国人说一个人沉默，说他/她是"闷葫芦"。

（二）词义教学法

由于汉语是音、形、义三方面结合的语言，对外汉语教师在进行汉语教学时也应从这几个方面入手，这也是对外汉语工作者们长期以来使用的教学方法。对在华学习汉语的留学生讲授汉语词语，必须考虑到留学生学习程度的差别，根据学生程度的不同，采用的教学方法也应有所不同。对有的汉语程度较低的留学生,教师完全可以根据教材的安排进行词汇教学，也可以适当地运用各种辞书类工具书。但对处于中、高级阶段的留学生，仍用这些方法，就难以收到较好的教学效果。目前对外汉语教学中，较多的汉语教师对学生进行词汇教学时，在教学方法和教学手段上没有细致地区分这种程度上的差别，也就是说，没有考虑留学生的汉语水平上的差别。汉语综合课上，教师对词汇学习的处理方式大都依据教材上的生词表逐个进行解释，然后再带入课文进行理解分析，再加上利用各种辞书和多媒体等手段进行教学。这样循规蹈矩的教学方法，会对对外汉语教学的发展造成不利影响。对于中、高级汉语水平的外国留学生来说，他们具有灵活使用汉语教材和各种辞书进行自主学习的能力，他们自己完全有能力通过翻阅材料就能理解并掌握词义。传统的方法就不能充分发挥出教授"词义"的引导作用，也难免使学生产生厌学心理。其结果往往是教师花费大量的时间做了无用功。

（三）比较分析法

中级或高级阶段的留学生汉语水平较高，并且驾驭汉语语言的能力也较强，他们会举一反三，课堂上所学的语言知识已经远远不能满足他们。他们喜欢问老师日常生活交际中出现的很多词汇，并且能在具体的语境中灵活运用词汇。他们会把以前学习的基础性的词汇和现在新学的词汇进行对比，然后分析它们之间具体的联系和区别。比如在学习词汇时，可以将同义词和反义词的词义进行对比，利用这些词语之间存在的联系和差异向学生解释新词，这样就可以让学生对新词的词义一目了然。如："弱冠"泛指"男子二十岁左右的年纪"，"夫人"就是"老婆"的书面语，"蔑视"近似于"轻视"，"厚"的反义词是"薄"。特别是在教授部分抽象性词汇的时候，此方法更简单、更容易被人接受。比如"悭吝"，意思是"过分爱惜财物，当用不用或当给的舍不得给"。如果学生只是一般地了解"悭吝"含"舍不得用"的意义，而对当中的意义并不清楚，就不能认为对该词有了全面深刻的理解。

（四）构词教学法

吕文华（1999）[77]认为语素教学的主要作用是可以大大提高学生学习词汇的兴趣，而且也能使学生能进一步掌握词汇以及正确运用词汇。语素教学是解决词语难的重要途径。在中高、级阶段，开始出现以构词法为主的词语推导教学，若能在构词方法上掌握一定数量的词汇，那么必定可以迅速扩大词汇量。逐个认识词语固然重要，但也要适当地穿插讲解一些汉语词汇的生成规律。也就是说，即使学生的个体学习能力再强，学习策略再精妙，也仍然需要教师的直接指导。其重点就是以构词法为主的词语推导教学。所以需要加强构词法方面的教学和指导，以增强学生对于新词的预判和推导能力。如何加强这方面的教学，既是对中、高级阶段词汇教学的挑战，也是对整个汉语词汇本体研究的挑战。

（五）词块组合记忆法

词块记忆法就是对已掌握的单词的重新组合。实际上，词块就是词与词的简单组合，它是具有一定的结构，也能表达一定的意义的语言单位。语言进行的过程事实上是把板块结构作为语言交际的最小单位的，例如："由……组成""在……中""不但……而且……""经……介绍""因为……所以……"，等等。词块组合记忆法不仅可以避免母语的负迁移，而且还可以减少不必要的语用错误，同时还大大地扩展了学生的词汇量。

大量的实践表明，词块组合策略在对外汉语词汇教学中具有很强的可操作性。因此，对外汉语教师在教学过程中应帮助学生找出语言材料中的词块，并且逐步培养学生挖掘词块的能力，也可以进行大量的相关练习，以达到提高汉语学习者交际能力这一目标，达到教学双赢的目的。

（六）词语联想法

在对外汉语的词汇教学中，教师可以激发学生对相关的词语进行联想。由教师设置一个具体的语言环境，说出一个符合这个环境的词语，然后根据情况把这个词语简单地解释一下，让学生根据教师给出的词语进行联想，联想一个与之有关的词语，再把想到的词语迅速说出来或用笔写下来，必要的时候可以让学生把自己想到的词语进行适当的解释和扩展。比如："情人节"一词，教师给出一个特定语境，让学生进行想象，学生就有可能会联想到"甜蜜""爱情""约会""分手""结婚"等。

在对外汉语高级阶段的词汇教学中，教师往往把字形或字音相近的字进行重新组合，并且将他们进行简单的分类，这样能促使学生更好地通过联想理解词语。比如："肖""俏""悄""鞘"等字，都具有相同的韵母"iao"；另一方面这四个字边部件都是"肖"。学生根据相关的联想不但能巩固以前学的词汇，而且还能扩大词汇量，认识更多的新词。

（七）学生参与讲解法

此方法是让学生积极主动参与教学活动，由学生自己用汉语来讲解新词，再由教师对学生的讲解进行修正或补充。这种方法适用于高级阶段的学习者，他们掌握了大量的汉语词汇，能够灵活自如地用汉语进行交际。在实际操作过程中对外汉语教师可以让学生自己用汉语说出自己的见解或观点，甚至也可以让学生自己来代替老师讲课，老师针对学生的具体表现进行纠正或补充。这样既能调动活跃课堂气氛，激发学生的主观能动性，也能刺激学生的表达欲望和学习热情，锻炼学生的口语表达能力。同时，下课后，教师可以根据课堂的教学内容来选择适量的词汇，然后把这些选好的词语分配给不同的学生。学生可以通过查阅工具书或资料等手段来完成自己的任务。这样学生通过自己的准备和努力，对词汇有了一些认识和理解，而下次上课时，先让学生把分到的词语进行讲解，之后老师再有针对性地讲解学生没有讲解全面的词语，同时可以对词汇进行复习和操练。这种方法可以锻炼学生的综合能力，更能调动学生的积极性，激发他们学习的欲望，从而达到更好的教学效果。

（八）文化渗透法

中国有着灿烂的历史文化背景，很多汉语词汇有着丰富的历史文化内涵。课堂上，老师可以通过讲有趣的故事来吸引学生，讲故事时老师还可以结合表情和体态语，这样更能引起学生的注意。通过这种轻松的教学方式，学生能更多地知悉和了解中华民族的灿烂文化和人文底蕴。

而较为显著的文化词汇可分为以下几类。

1. 动植物类。这类词汇虽然是大自然中最为常见的现象，但一方水土养一方人。地域的差异使得这些词汇载满了文化内涵。比如，中国文化中的熊猫（панда）等。

2. 物质文化类。这类词汇是生活中的必备词汇和生活现象，比如衣食住行、柴米油盐、工具用品等，都有不同程度的文化内涵，造成文化的多样性差异。比如汉语中的犁田打耙、中山装、旗袍，俄语中的 matрёшка（套娃）、сарафан（萨拉凡）、тройка（三套马车）等。虽然都是日常所见，但却是差异极大的语言文化现象。

3. 制度文化类。这类词汇涵盖很广，既有工作与休闲词汇，也有社会组织与社会规范方面的词汇，它们也具有极强的文化色彩。比如，中国文化里的朝代、翰林、踏青、进香、寺庙，俄罗斯文化中的 Советский Союз（苏维埃）、дума（杜马）、танец（舞会）、театр（剧院）、собор（教堂）等，都是各自文化生活的生动写照。

4. 科学与技术类。这类词汇最能够反映一个民族的文明程度和发展水平，也具有十分深刻的文化内涵。比如，中国文化中的四大发明，俄罗斯文化中的 ларь-кодокод（钟王）、царь пушка（炮王）、космическая станция（宇宙空间站）等。

5. 行为文化类。这类词汇表达的是各种概念：政治的、宗教的、艺术的，以及交际中的手势和习惯。比如汉语中的科举考试、作揖、诗画同源、禅宗、天人合一；俄语中的 русская земля（俄罗斯大地）、теократия（政教合一）、Передвижная выставка картин（巡回展画派）、могучая кучка（强力集团）以及丰富的身势语，如手势、姿势和表情（жест взгляд поза и мимика）等。这些词语中独特的文化内涵使得中国传统文化中的气功、武术、风水等，当代文化中的 Tuhao（土豪）、Dama（大妈）等词只能以音译形式进入英语和俄语世界。

6. 成语和谚语类。这是语言中最具特色的文化现象，也是最难互译的文化语汇，例如俄语中 Будет и на нашей улице праздник（我们也会有出头之日），В ногах правды нет（站客难留），Дела иду контора пишет（事情搞得有板有眼），Любви все возрасты покорны（爱情不分年龄），Зелен виноград（葡萄是酸的），Как живой с живыми говоря（像活人对活人说话），Как бы чего не вышло（千万别发生什么事才好），Незваный гость уже татарина（不速之客）等。汉语历史悠久，这类成语谚语更多。

又如"月亮"一词，是我国古代文人墨客经常用来表达思乡之情的意象，此处，我们还可以讲解"嫦娥奔月"的故事并进行延伸，这种方法同样适用于熟语的教学。给学生讲"既生瑜，何生亮"这个熟语时，通过讲周瑜和诸葛亮的故事来适当地引荐中国古典名著《三国演义》，让学生知道这个熟语究竟有怎样的历史渊源。再比如，在讲解成语时，教师可以告诉学生有一些成语是出自《战国策》等传统经典的，并且成语大都是有典故的。这样追根溯源，不仅使课堂紧张的氛围变得轻松愉快，而且还具有深远的意义。

还有一种文化移植现象。所谓"文化移植"，是指翻译过程中对异国情调的文化"借贷"，是一种"交际翻译"。文化翻译的主要特点之一是"两种作品的情景"的语言文化对照。我们必须把课文中的文化背景和学生国内的文化交际特点联系起来，通过比照、选择，做出恰当的教学处理。这样可以使课堂气氛更加活跃，调动学生对中国文化的浓厚兴趣，从而使他们越来越喜欢汉语。

（九）引申法

引申法即我们常说的意义法。在翻译具有强烈民族文化特色和深刻文化内涵的俄语成语时，可能在汉语中找不到相对应或相类似的成语，直接翻译又不能使中国读者理解其含义。这时，可以翻译该成语的引申意义，让读者理解其中真意。

例如，Со своим самоваром в Тулу не ездят（去图拉不必自己带茶炊），这一俗语与俄罗斯人的生活、饮食习惯有关。俄罗斯人爱喝茶，茶炊是必不可少的工具。图拉是茶炊的主要产地，所以才有了这则俗语。因此，可直接译为"多此一举""画蛇添足"。

第四章

中亚留学生汉语语法教学

　　语言教学的目的是培养语言交际能力，这在前面章节已经谈过。培养语言交际能力，在教学中，不仅要解决好语音、语法和词汇的教学问题，还要解决好听、说、读、写四种语言技能的训练问题。更为重要的是，为了培养语言交际能力，应该正确处理结构、功能和文化这三者的关系，并在课堂上创造出具有交际意义的真实语言环境。这一章中，我们就围绕语法教学介绍一些情况，提出一些看法。文化教学问题将放在第六章讨论。

第一节　教学原则

　　在对外汉语教学中，讲授语法的目的，是为了使外国留学生了解汉语语法特点，掌握语法规律，以便正确地使用汉语，发展语言交际能力，有效提高汉语水平。本章在引用当前国内外语法教学理论的基础上，探讨了中亚留学生汉语语法教学的方法和内容。

一、确立正确的语法形式

　　一般说来，理论语法是把语言作为一种规律的体系来研究，目的在于揭示通则，对语法的系统和语法的规律做出理论性的概括和说明。教学语法又称"学校语法"，它是利用理论语法科学研究的成果，专为教学目的服务的语法。讨论教学语法，是为了有利于学生把语言作为一种工具来学习，其目的是掌握语言的技能。

　　吕叔湘（1992）说："一个语法形式可以分别从理论方面和用法方面进行研究。"我们把前者算作理论语法，把后者归为教学语法。理论语法研究一个语法形式"在语句结构里的地位：是哪种语法单位？是句子或短语里的哪种成分？跟它的前面或后面的别的成分是什么关系，等等"。用法研究则研究一个语法形式出现的条件：什么情况下能用或非用不可？什么情况下不能用？必得用在某一别的成分之前或之后？等等。

　　我们研究中亚留学生语法教学时，重点关注教学语法。教学语法的研究，可以说主要是用法的研究。在教学中，一个词语、一个格式，怎么用符合汉语语法，这是我们教给学生的主要内容。比如：我们可说"这位同学"，但不能说"这位人"；可以说"老大不高兴"，但不能说"老大高兴"；可以说"漂亮姑娘"，但不说"美丽姑娘"，而要说"美丽的姑娘"。又如，我们说"新同学到校了"，却不能说"新同学们到校了"，因为这里的"新同学"是复数。诸如此类，理论语法也许不屑一顾，但教学语法是不能不解决的。

我们可以这样总结，对外国人在学习汉语过程中进行的语法教学，不是语法体系方面的教学，不是理论的教学，而是用法的教学，即所教的应该是教学语法。

二、语法教学的基本原则

依据对外汉语语法教学的特点与需要，应遵循以下几项基本原则。（卢福波，2008）[24]

（一）实用性原则

实用性原则直接体现在语法教学项目的选择与处理上。对于第二语言学习者来说，以下语法内容最有教学价值：（1）最基本、最常用的——规范的、典型的、普遍的；（2）最容易发生偏误的；（3）语法项目具体的适用条件和限制条件。实用原则是统领性原则，各角度的实用性问题具体体现在各项原则之中。

（二）针对性原则

针对性原则主要体现在三个方面：国别语种、水平层次、语法要点。国别语种包含两个方面的内容：一是语言特征的差异；二是文化在语言中的渗透。水平层次涉及学习者对语法知识的理解程度和接受水平。语法要点主要体现在两个方面：一是根据学习者水平层次，对语法项目进行阶段性处理，各阶段体现不同的教学要点；二是针对本阶段教学要点，做出直接针对问题点的具体教学处理——问题要点、偏误类型、手段方法、操练模式等。要突出具体语法教学要点，备课时首先要做偏误预测。突出针对语法要点的教学是为了避免泛泛教学，语法教学不应只站在宏观的语言学理论上，而应针对具体的用法细化教学。一个语法项目可能因为切入角度不同，所教内容和练习角度也会不同。

（三）循序渐进原则

吕文华（1999）[98] 曾经指出："语法分布应与划分等级水平相适应，在同一层次循序渐进的同时，更要做到不同层次的循环递进。"例如，学习趋向动词，可以把它分成几个教学小阶，每个小阶都在前一小阶基础上攀升一定难度，实现一定整合。第一小阶，学习"上/下/进/出/回/过"等单纯实义空间趋向动词做单个动词谓语的用法。这些词表示的是人类最基本的与立体空间相关的动作，很多语言中也有类似的动词，易于理解；单谓谓语句结构相对简单，也易于掌握。第二小阶，学习"来/去"做单个动词谓语的用法。"来/去"比其他单纯趋向动词表意复杂些，趋向空间与听说者位置及远近关系产生了联系，变数较多，随机性强，略有难度。第三小阶，学习"来/去"等实义空间趋向补语用法。补语是汉语中较为特殊的一种用法，在理解和使用上有一定难度，不过"来/去"实义空间趋向与做谓语的趋向意义很接近，只是加进了方向性与动作关系，所以，还比较容易理解和掌握。第四小阶，学习"来北京旅游"之类表示目的关系连动句的用法。该句式虽属特殊结构式，但由于其语序非常接近典型的时间顺序关系类型，演示得当、引导得法，尚易掌握。第五小阶，学习实义空间复合趋向动词做补语的用法。复合趋向动词与单纯趋向动词不同，它表示了双重趋向。故应突出两个重点：一是双重趋向的理解；一是具体动作与动作趋向的配合与关系。实义空间趋向意义相对易于理解，但选用上有一定难度。第六小阶，学习趋向动词的引申用法。引申意义多而杂，学习有相当的难度。教学时注意三点：（1）采用分散、对比的教学模式，以分散难度，明确差异；（2）注意难度层次，引申义由浅入深；（3）做出引申脉络，让学习者有连贯性的认知—知识的联系与整合。第七小阶，学习趋向动词的特殊用法，如"看来""看起来""看上去"等，掌握其特定用法和语用含义，结合语境和交际目的进行专项教学。复式递升的梯阶教学还需要注意语法项目之间的相关度与教学距离问题。如果说，复式递升是一个横断面的知识排列组群的话，距离原则则主要从它的纵向序位组群排列着眼。纵向排列的关联依据主要来自记忆、强化、连接等规律。一个语法点与另一个或者几个语法点所形成的组群与组群之间的衔接点要找好，点与点或组群与组群之间的距离要根据相关程度决定：相关度越高，密度越大，距离越小；

相关度越低，密度越小，距离越大。根据横向、纵向关系可以构建一个语法项目或组群的矩阵系统。总之，复式递升的教学原则是把看上去分散的、独立的单一的语法项目有机地整合起来，使学习既有联系、有层次，又有衔接，既有单一语法项目的细化深入，又有整体语法知识的融会贯通，形成一个完整的语法教学系统。（卢福波，2008）[26]

（四）细化原则

陆俭明先生（2005）指出："对外汉语教学的实际需要和学习者提出的或出现的种种问题迫使汉语本体研究要进一步细化。"语法教学时如果类属、规则、意义等关系太抽象概括，学习者的类比和衍推就容易出问题。例如，汉语动词可接处所宾语问题。汉语可以说"吃食堂"，但学习者如果类推成"吃面馆/坐食堂/学教室"，就都错了。卢福波（2008）[27]曾对上述非常规"动词＋处所宾语"做过尝试性认知解释，认为这种现象可看作一种弱固化现象，即选择搭配成分受到严格的小类类属限制。"走小胡同"中的"小胡同"特指"路"的类型；"走"也不是单纯"两脚前移"的方式动作，而是"由路上通过"的泛指形式。所以"走＋处所词语"衍推时受到限制，与路的形式有关的词可组合："走＋人行道/小树林/河边/山路/大路/马路"，否则不能组合；将"走"换成"跑/骑（车）/开（车）"等也不能组合。"吃食堂""住旅馆"也是弱固化形式，代指一种生活方式，符合这一意义的能衍推，否则不能衍推。"吃麦当劳/肯德基/全聚德"可以搭配，与"住平房/楼房/草房/帐篷"一样，是以处所转指吃、住的类型或风格，选择搭配均受到严格小类及特定意义的制约。所以语法教学应尽量细化到小类的选择限制条件及意合关系的讲解，从而有效地杜绝学习者的类推、类比偏误。

（五）简化原则

简化原则是指将繁复、抽象、理性的语法规则或内容做简洁的、浅明的、感性的、条理的、图示的等教学处理，使语言直白易懂、内容简单浅显、方法具体直观。汉语是一种图画语言，临摹性很强，具有具象化、外显化的特点。教学时，应尽量少用术语概念，多通过具体形象的实例，把语法的认知理念、规则要领融会进去，把抽象的规则浅显、简化地概括出来。如学习副词"正/在/正在"时，告诉学习者"正/在/正在"只表示动作在进行过程中，不含开始和结束，故提炼规则如下。

1. "正/在/正在"不能跟表示"起始"意义的"起来"结合。例如，（1）*他正看起书来。（2）*孩子们正在讨论起问题来。（3）*公鸡在叫起来。

2. "正/在/正在"不能跟表示已经完成或变化的"了""过"或动作结果结合。例如，（1）*张山正起床了。（2）*他正在写过论文。（3）*她在擦干净桌子。

3. "正/在/正在"句的动词后不能接表示时间段和动作量的词语。例如，（1）*我正看一会儿电视。（2）*他在做一个月工。（3）*他正在听两遍录音。

4. "正/在/正在"可以跟表示状态意义的"着"和表示这种语气的"呢"一同出现。例如，（1）（照相机啊）我正修着呢。（2）他在看书呢。（3）他正在帮大娘擦着玻璃呢。

上述四个具体使用限制条件可用直观的公式概括为：可以——正/在/正在＋动词（持续）＋着/呢；不可以——*正/在/正在＋动词＋起来/了/过/结果/时段。这部分内容看起来很复杂，知识含量很高，但概括之后，却比较简单。具体讲解后，学习者很容易理解并记住它，使用时就不会生搬硬套了。

（六）类比原则

类比原则是指教学中将相关语法项目——词类、结构、句型、功能、关系等进行对比和比较，主要体现在三个方面：汉语内相近现象的对比、汉语与母语对应形式的对比、汉语学习中正误形式的比较。由于语言对客观经验的编码方式不同，语言的使用者也倾向于按他们语言所提供的不同范畴去区别和辨认经验，所以，说第二语言的人往往会忽略说第一语言的人经常注意的那些差异。（桂诗春，2000）因此不同的认识经验和思维方式是教学中尤需关注的。如"打听"和"问"，说汉语的中国人是不大可能把它们混淆使用的，可汉语学习者却常常混淆。又如，上文讲到"正/在/正在"的共性意义和使用条件也还不够，其后的教学小阶里还须通过对比讲清三个词之间及其与"着"之间的区别，这样才能复式递升地构建一个汉语表示进行、持续、状态等时态的局域系统。另外，目的语相近现象的衍推是偏误形成的主要来源，对比教学可以最大限度地杜绝衍推的失误。

（七）解释原则

解释原则是指对所学语法项目做出合理的、恰当的理据性分析和认知性解释。解释原则的核心理念是认知理念。语法教学之所以要突出认知理念，是因为人类的能动性本能和人类认知新语言与认知世界的相同原理。因此汉语教学时不能把人当作机器，简单地、"刺激反应"式地重复模仿，应让学习者理解性地、创造性地根据实际语境的需要，适宜地、合理地、灵活地进行表达。从语言学习的角度看，语言是一种受规则支配、具有诸多可变因子的复杂体系，不是一成不变的习惯体系。所以语言学习是一种有意义的控制性过程，它要求对所学语言进行高层次的决策和处理，能够使用特定的方式去调用认知能力，有认知性的理解和把握，有符合认知理据的能动的创造性运用。因此，以认知理念为基础的第二语言教学重视对事物类属、相关及综合——输入与提取的全面处理，将学习过程与认知过程统一起来。"渗透认知理念"的提法实际上是一种教学思想、教学方法的体现。它充分调动学习者已有知识结构和思维能力，类比性地认识汉语语言结构及词语构成，在该过程中让学习者体会、理解汉语为母语者语言使用的基本思维模式。

（八）操练原则

操练原则是指在语法教学过程中实施大量的句法形式、意义关系、实际应用等操作训练。该原则可看作对语法教学性质理念的最直观、最实际的检验。是理论语法还是教学语法？是知识型课还是实用型课？看一看讲练处理的比例、程度、选择项目和讲解角度就可以一目了然。对于第二语言的语法教学来说，教师的作用是引导性的，其作用在于帮助学习者认知、理解汉语的一些语法现象及其使用规则，建立起汉语语法的认知系统。讲，应提纲挈领，抓关键、要点，讲那些最实际、最有用、最富有启发性、最能帮助学习者解决问题的东西。练，要紧密配合讲点，从不同侧面、角度、层次、语境进行各种各样的实际练习。根据不同类型的语法项目、教学要点和教学目的，操练的基本模式可有如下几种。

（1）针对讲解要点——要点分解操练

（2）针对句型或语法项——局部整合操练

（3）针对句型或语法项应用——结合情景和实际生活的操练

以上三种模式从属性上可分归两种，一种为静态训练，即（1）（2）项，侧重格式、分布、搭配、语序等形式为主的理解训练，主要解决建构规则、强化记忆、形成惯性等问题；一种为动态训练，即第（3）项，侧重语法形式、规则、选择限制条件在实际情景中的应用，主要解决适合实际、合理得体地选择和转换表达方式，强化实用性理解等问题。

以上谈及的实用、针对、循序渐进、细化、简化、类比、解释、操练等八项原则，是对外汉语语法教学最基本的原则。八项原则在教学过程中彼此不是割裂、孤立、单一的关系，而是水乳交融、相辅相成、相得益彰的关系。教师要想准确地抓住语法项教学要点，并把它处理得简要、浅显、明白、恰到好处，就首先要吃透、研究透该语法项，进而做出合乎实际应用规则的再研究和再加工。因此，对外汉语语法教学应以汉语本体研究为动力推进教学，从点点滴滴的积累开始，逐步加以深化，成规模、成系统地加强汉语要素认知教学的研究和建设，从根本上不断提高汉语教学的质量和水平。（卢福波，2008）[29-31]

第二节　教学目标

在教学阶段划分上，我们把语法教学分为初、中、高级三个阶段。三个阶段的语法教学主旨各有侧重。初级阶段，也就是基础汉语教学阶段，所讲语法为形式语法，侧重句法结构，掌握汉语的句型、词序，是一种语法模式教学。中级阶段所讲语法侧重语义语法，注意句中成分的语义关系及语义搭配，因此语汇意义（包括词汇意义和语法意义）及使用的教学，占据相当的位置。高级阶段所讲语法侧重语用功能语法，着重语用的选择和词语的应用，目的在于表达得体。这是一种不同于教母语为汉语的学生的一种教学语法框架，它服从第二语言教学规律和学习规律，适用于第二语言的教学与学习过程。

一、初级阶段应教最基本的语法形式，使习得者具备区分正误的能力

一个第二语言习得者在掌握了若干词汇之后，总是力求用这些词汇来表达自己的意思，于是首先面临的是选择他所需要的语言表达格式，这就是句法形式。一般来说，它包括词的功能类别，词语组合时所形成的成分关系和层次关系，词的排列顺序，以及词组的结构类型和句子的结构类型，后者也称句型。从 20 世纪 70 年代末期至 80 年代中期，在对外汉语的语法教学中，句型教学占据着主导地位，因为掌握了句型，学习者就了解了汉语词语排列的顺序，他们可以举一反三，触类旁通，基本上会说正确的话了。从语法的构成上讲，句法是基础，语义结构要依靠句法结构才能显示，语用也要落实到一定的句法结构上。学习语法，最基础的部分应该是句法平面分出来的句型，只有把句型掌握好了，才会说话。（赵金铭，1996a）吕叔湘（1983）说："语法书里一般都提出一些语法结构的公式，这是有用的，可是不够。要知道公式是抽象的，它的具体实现不是无限制的。有些组合符合这个公式，但是实际上没有这样说法。"这段话对我们对外汉语教学特别具有指导意义。这正提示我们，在教学中，充分发掘使用条件，防止学生造出句式正确而实际上不合法的句子，努力辨别句式的正误，是至关重要的。而正和误的关键，往往不仅是句型，更多地关涉到词语的用法。

二、中级阶段侧重语义语法的教学，使习得者具备区别语言形式异同的能力

在初级阶段，我们给习得者以最基本的语言形式，并尽可能培养他们使用正确的语言形式，避免使用错误的形式。然而汉语是一种缺乏严格意义上的形态的语言，各级语言单位的构成不是靠形态（性、数、格、体、态）的变化，而是依靠词序和虚词由小到大的层层组合。由于没有形态的制约，汉语的组合就容易出错。一般说来，两个语言单位只要语义上能够搭配，在逻辑事理上讲得通，又符合汉语语法的表达习惯，就可以组合。所以，如果我们只强调语言形式的一面，而忽视或排斥语义组合的特点，语言表达能力的提高也会陷入困难。因此，我们认为在掌握基本语言形式

的同时或稍后，应将语义组合特点的描写引入教学。可以说，到了中级阶段便主要是语义语法的教学。何谓语义语法？马庆株曾有科学的界说。他指出，语义语法（semantic grammar）是与印欧语的形态学语法（morphological grammar）相对而言的。

　　这样看来，汉语语法从"形"和"意"两方面比较而言，可能更重"意"。因为汉语形式上框架简单，可供掌握的标记不多，也就是说显性语法形式不多，而表意上却灵活多样，隐性语法关系十分丰富，这也可以说是对缺乏形态的一种补偿。从发生学上说，语义是形成或生成句法的基底，一定的语义结构必须通过句法结构才能显现，所以它是隐层的。从初级阶段进入中级阶段，在语法教学上从掌握句法形式到掌握其内部语义关系便是由显层进入了隐层。这个阶段要着重解决的是，在一个谓核结构中谓词的语义特征及其所支配的语义成分，词语或成分所表现出的语义指向和语义管约，歧义以及语模（短语的语义结构模式）和句模（句子的语义结构模式）等。如果说，一个习得者当他"欲言"时，必定有其"所欲言"，这时对他来说，首要的是选择恰当的语言形式。当他掌握了这个形式以后，还必须了解这个形式的内部成分的语义关系，然后按照这个句式造出许多正确的句子来，这便是生成的过程，这个过程是由意义到形式的过程。徐枢（1991）在论述这个问题时说道："在对外汉语教学方面，则比较重视意念、语义方面的内容，讲课时一般不是从形式到意义，而是从意义到形式。因为前者主要解决理解问题，后者才能解决表达问题，可以较多地培养学生的交际能力。"

三、高级阶段侧重语用功能语法的教学，使习得者具备区别语言形式高下的能力

　　依照这种观点，对外汉语语法教学从习得句子结构开始，继而学习结构形式所包含的语义，进而扩大到对结构形式的得体使用。语言形式得体使用的教学牵涉到形式语法和语义语法等静态描写之外的动态因素，关涉到句子结构在表达中的应用和变化，从语法的语用平面来观察，包括：主题、述题、表达重点、焦点、语气、口气、增添、倒装、省略、变化及语值等。胡裕树和范晓还特别指出了语用平面所包含的行为类型。所谓行为

类型是指句子的表达功能或交际用途。从语用上看，任何句子都完成一定类型的行为，例如叙述、解释、描绘、提问、请求、命令、致谢、道歉、祝贺、惊叹等等。（胡裕树 等，1993）

从另一个角度看，目前流行的功能语法也注重语言的信息传递功能。功能语法把注意力放在语言结构依赖于语境这一性质上，而不是分析脱离了讲话场合和社会语境的语言结构。这正是我们在高级阶段语法教学中所要强调的。功能语法在目标上注意观察语言是怎样使用的，在方法上注意研究话语（语篇），在对语言的性质上强调语言的交际功能。这与我们对高级阶段语法教学的思考是相吻合的。

所以，我们把高级阶段的语法教学称为语用功能语法教学，这是借用了功能主义的一个层次的说法。吕叔湘先生（1979）早就把话说得十分清楚了："很多人一提到语法研究，往往只想到语法体系方面的大问题，忘了这个和那个词语的用法（在句子里的作用），这个和那个格式的用法（适用的场合）和变化（加减其中的成分，变换其中的次序，等等），忘了这些也都是语法研究的课题。""这种研究看上去好像琐碎，好像'无关宏旨'，实际上极其重要。首先，教学上需要。一个词语，一个格式，怎么用合乎汉语语法，怎么用不合乎汉语语法，要教给学生的不正是这些个吗？"这里提到的"格式的用法和变化"，正是高级阶段语法教学的关键所在。

在初、中级阶段，习得者掌握了语法形式，也了解了内部的语义关系，但这还只是孤立地、静态地掌握了一个个句子的规则和含义，只有了解了在什么样的语言环境中，为了何种表达需要才会使用该语言形式，交际的准确性、得体性才能实现。

初级阶段以形式语法为主，辅以简明、适宜的语义说明；中级以语义语法为主，用已学过的语言形式加以验证；高级阶段注重语义理解与表达而不囿于语言形式，特别注意要应用的得体，自不待言。那么，"针对外国人习得汉语的行为过程讲授语法，要注重意义，并往往从意义出发"（赵金铭，1994），又做何解释呢？这有两层意思：一则外国人学汉语，类似说话的人，要把头脑中的意义，转换成语言代码，故必须选择恰当的语言形式，这是一个由意义到形式的过程；二则从发生学的角度看，外国人学汉语，掌握汉语语法是一个生成过程，也就是按照一个句式造出许多句子来，这也是一个由意义到形式的过程。

　　我们认为，初级阶段，应以掌握语法形式为主，注重整个形式的意义，而不过多地掺进内部语义分析，因词汇量的限制，语境阐明也是点到为止，主要目的是让习得者明了在句法上语词间结合得妥当不妥当。中级阶段，在已经掌握了大部分的语言形式的基础上，进一步掌握句式内部的语义构成，主要目的是使习得者明了在语义上词语间搭配得合理不合理。在高级阶段，除了注重语用上词语安排得合适不合适外，更要使习得者了解在更大的语言环境中，如何正确地使用一个句式，因此还要注重篇章结构，包括句子之间和段落之间的连接形式，在汉语中还有十分灵活的意合问题，以及会话中的"合作原则"（所谓怎样接话茬）等。我们认为，初、中、高三个语法教学阶段是一个完整的体系。当在某一阶段侧重某一个方面时，我们并未忽略应当关注那些适合该阶段教学的其他因素。中级阶段对初级阶段来讲，或高级阶段对中级阶段来讲，都是上个阶段语法教学的继续、深化和出新，在讲授内容上要照顾到内部有机衔接和整体的融会贯通。这个形式语法（辨正误）→语义语法（辨异同）→语用功能语法（辨高下）的教学过程，正是本书思索对外汉语语法教学的基本思路。

第三节　教学方法

　　语法教学的方法是语法教学实践中的核心问题，历来受到重视，人们从宏观到微观进行了多方面的研究、探索和实践。近几十年来，中国有很多语言专家讨论、研究对外汉语语法教学，他们都普遍认为："没有一种教学法是全能的，也没有一种教学法是毫不足取的，应该根据不同的教学目的、不同的教学对象采用行之有效的教学方法，已成为大家的共识。"（赵金铭，1996b）现将近几十年来出现的教学法分成三类进行梳理。

　　第一，语法教学的一般方法。从第二语言教学的历史看，语法教学的方法可以概括为演绎法、归纳法、类比法以及这几种方法的结合。在具体的教学中，如何使用这几种方法以及如何结合起来使用，不同教师有不同做法，具体操作过程可以有灵活性。

第二，语法教学的具体方法。教材中语法解释的基本方法：（1）对语法规则的表述用文字描述；（2）也可以利用图表或线性序列公式来表述。语法练习的方式主要有：（1）机械性练习（如跟读、重复、替换、变换、扩展等）；（2）有意义的练习（如回答问题、完成句子，对课文内容的解释、复述、讨论等）；（3）交际性练习（如自由会话、课堂讨论、辩论、演讲、扮演角色、应用文写作等）。课堂上语法教学的方法有：（1）情景化教学（利用人、利用事物、利用动作）；（2）生成式教学（扩展生成、紧缩生成）；（3）对比教学（汉外对比、汉语内部对比）。此外，吕必松、崔永华、彭增安、张宝林等都结合实例介绍了语法教学切入的角度和具体方法。（李泉，2007a）

第三，语法教学方法的分类。语法教学可分为潜藏式语法教学和明示式语法教学。前者可分为三类（但都不教任何语法）：（1）传意的语法教学，学生透过传意的语言活动把语言内化，进而掌握语言规律；（2）句型教学而不附加语法说明，学生透过大量同句型句子的学习，进而掌握相关语言规则；（3）儿童借大量母语语料的输入而掌握语言规律。后者分为两类：（1）演示式教学，先讲语法条文，后举例证；（2）归纳式教学，先给出大量例子，然后归纳其中的语言规律。后者采用一套语法术语施教，可提高学习者系统化的语言觉识。（李泉，2007a）

教无定法，贵在得法。有了合适的内容，如果教得不得法，还是不能收到好的效果。教得不好，甚至还可能会使学生对语法学习产生厌烦情绪，看作一种负担，虽然一般说来，学生学习语法的积极性都比较高。关于怎么教，以往国内外许多学者专家已经发表过意见。本书只强调以下两点。

一、随机教学

所谓随机教学，是说在学习汉语的初级阶段，汉语语法知识最好是通过课文、练习和讲解学生在练习或作文中出现的病句，进行有针对性的讲授，给学生以潜移默化的影响。关于对外汉语教学中的语法教学，先前大致有两种路子。一种路子是在语音教学阶段过去后就开始系统地向学生讲解语法，如 20 世纪 50 年代北京大学外国留学生汉语教材编写组编写的《汉语教科书》就是这样做的；另一种路子是在语音教学阶段结束后以课文为纲，每篇课文后附有该课文语法点的讲解，20世纪80年代以来的教材大多是这样做的。多年的实践证明，前一种路子效果不是很好，现在都不采用了。道理很简单，这种教学路子，语法教学量过大，难点太集中；而且，对一个外国留学生来说，汉语语法知识的获取与掌握，必须以一定数量的语言材料为基础。不掌握足够的语言材料，光听或光背语法条条，不能真正学到汉语语法知识，更不用说掌握了。而外国学生在初级阶段，汉语水平还很低，说话看书都还有困难，不可能掌握足够的语言材料，更不用说对汉语有什么感性认识了。在这种情况下，去给他们系统讲授汉语语法知识，效果当然不会好。后一种路子比较符合我们一开始所说的"在一、二年级初级阶段，语法教学不宜过分强调，更不能直接给学生大讲语法规则"的意见，带有"随机教学"的性质，不过要有所补充。第一，不能依据课文的选用和编排片面地决定要教的语法内容（现在一般都是这样），而是应该按计划中所需给学生的字、词、语法点来编写和安排课文（现在基本上都不是这样做）。换句话说，课文中语法点的安排要有讲究。第二，到一定阶段有必要进行带总结性的、并有一定针对性的"巩固基础语法"（consolidating basic grammar）教学，以便让学生把从各课文所附的语法点中学到的语法知识连贯起来，使之系统化。

二、点拨式教学

在对外汉语教学中，不要大讲语法，特别是不要一条一条地大讲语法规则，而要善于点拨，这对一个汉语老师来说，要求不是低了，而是高了。这不仅要求汉语老师要善于发现并抓住学生在学习汉语过程中出现的带普遍性的语法错误，并加以改正；而且要求汉语老师要善于分析学生出现某种语法错误的原因，要善于确定解决学生某个语法错误的突破口，要善于针对学生中出现的某种语法错误，运用已有的研究成果来做出明确而又通俗的说明。要做到这一点，不仅要求汉语老师要有比较扎实的汉语语法基础知识，而且要求汉语老师自己要具有研究、分析汉语语法的能力。在对外汉语教学中，最忌讳的一句话是"这是汉语的习惯"。有的老师，包括在国内某些教留学生汉语的老师，当学生问到一些语法问题时，特别是当问到"为什么要那么说，不这么说？"的时候，常常就用"这是汉语的习惯"，把学生的问题顶回去了。他以为这就解决了学生的问题，其实学生最不愿意、最害怕听到这样的回答。这种回答会影响学生学习汉语的积极性，会让一些学生产生"汉语大概没有语法"的错误想法。最好的办法是当时就能给学生讲出些道理；如果一时回答不出来，那就对学生说"这个问题我还要考虑考虑"。

　　综上，作为一名汉语老师应该有扎实的汉语语法基础知识。在实际教学中，为了解决好汉语教学中的语法问题，除了参考现有的文献资料之外，很重要的一个方面，就是要注意从学生屡屡重犯的语法错误中，从学生的提问中总结偏误，并把它告诉给学生。而在思索、考虑的过程中，要常常问：为什么？是什么？怎么样？这要求从事对外汉语教学的老师应具有发现问题、分析问题、解决问题的能力。

第四节　面向中亚留学生的汉语语法教学

一、教学理论

　　"二语习得"，早在 20 世纪 60 年代就被提出，是学者在研究语言能力获得机制，尤其是外语能力获得机制时，在综合了语言学、神经语言学、语言教育学、社会学这些学科的基础上，发展出来的一门新的学科。从 20 世纪 70 年代开始，人们对二语习得的认识逐步加深，并开始从不同的方面去了解、研究这一理论。而研究所运用的方法则各具特色，不尽相同。所侧重的方面大概有三个：假设、描写、实验。正因为侧重面的不同，延续开来的二语习得理论才更加丰富。被大家广泛接受认可的理论，一是普遍语法与二语习得理论，二是监控理论。

　　普遍语法与二语习得理论认为，无论是第一语言还是第二语言的习得，基因赋予的天赋，占据了很大的作用。因为在语言的学习过程中，数据的输入，是不够充分的，还不足以使新的习得产生。这一理论进一步认为，话语更多的是心理的活动，就比如刚出生的婴儿，与生俱来具有学习语言的能力。而对婴儿在学习语言过程中发生的偏误，并不需要纠正，因为这种错误会随着他们年龄的增加而得到纠正。人们在使用语言的时候，通过语法来核对错误，做到所谓的监控。但是，当语言的水平开始提高，这种监控的效力就越来越弱了。从本质上看，语言的习得更多的不是靠学习，而是靠这个学习过程中的正面证据。（李亚晴，2013）[2]

在 20 世纪末的二语习得理论中，监控理论是影响力最大的，包括五项假说：语言习得与学习假说、自然顺序假说、监控假说、语言输入假说和情感过滤假说。这一理论认为，语言获得包括两个过程：习得和学习。习得过程是指学习者在实践中无意识地吸收外界的语言，并自然、流利地使用该语言；学习过程指的是理智的有意识地研究、认识第二语言的过程。这一理论进一步认为，通过习得过程比通过学习过程，能更加流利、顺畅地掌握某种语言，这也为我们日常的语言学习，提供了很好的参考和范例。学习过程和习得过程，为分析中亚留学生的汉语学习情况，提供了很好的帮助，也为我们进一步分析发生偏误的原因，从深层次把握这一问题，提供了很好的理论支持。

中介语理论是针对学习第二语言的人提出的。它是指人们在学习语言的过程中处在目的语和自己原先掌握语言的一个中间状态，无限接近目的语，但又没有达到，现代语言学中把这种中间状态称作中介现象。那么什么是中介语？"中介语是指在第二语言学习的过程中，学习者在目的语输入的基础上所形成的一种既不同于学习者的第一语言也不同于目的语，并且随着学习的不断进步而逐渐向目的语靠近的动态语言系统。它包含语音、语法、词汇等多个方面，并且存在于整个语言学习的过程之中。"（刘珣，1997）中介理论是在认知心理学的基础上发展起来的，它创立于 20 世纪 60 年代末至 70 年代初。自 20 世纪 80 年代起，中国对外汉语教学界开始接触中介语理论，中介语理论成为对外汉语教学的研究重点之一。

偏误分析理论是指学者对第二语言学习者在习得的第二语言的过程中产生的偏误进行系统的分析和阐述，深究其来源，从而了解其中的规律。通过对第二语言学习者产生的偏误进行研究从而提出教学策略和建议，是目前第二语言教学中比较有效的教学方法和手段。但是偏误分析过程不仅是找出言语偏误和母语之间的不同，一个有价值的偏误分析研究需要以下四步。

第一，大量地收集偏误语料。进行偏误分析必须要有足够的语料。这些语料也必须客观，如果只面向个别群体进行语料收集，那么得到的偏误语料便不具备代表性和典型性。

第二，对偏误语料进行归纳和分析。在归纳和分析时尽量认真详细，以便确认偏误语与目的语之间的差异，为下一步语料的分类做好准备。研究者对偏误语料描述得越准确越详细，则越容易对其进行更有效的研究。

第三，分析偏误产生的原因。经过对偏误语料的收集、描述并分类以后，研究者就为探究偏误的原因做好了准备。查理斯将它们分为语际之间的和语内的迁移误用。（王建勤，2009）[42]

第四，评价偏误。第二语言习得者在使用目的语时会产生各种各样的偏误，这其中，有的不是话语交际的重要组成部分，不会对交际产生太大的影响，有的则非常影响交际。当然，影响偏误的因素还有其他一些，比如手势与肢体动作等等。所以在评价偏误时，要综合考虑各种因素。

偏误主要来源于六个方面：母语的负迁移、目的语知识的负迁移、文化因素负迁移、学习策略和交际策略的影响、学习环境的影响、语言训练的转移。

综上所述，第二语言习得理论研究是汉语作为第二语言教学的理论基础，教师了解学生的学习过程和学习规律，才能在教学中掌握主动权，从而提高教学质量。

二、教学内容

（一）目的语

汉语属汉藏语系的分析语，有声调。由于汉字是一种意音兼备的文字，所以汉字本身具有丰富的含义。然而，汉语作为孤立的语言，并不像印欧语系的很多语言那样，有各种单复数、动名词形式。汉语的词汇只有一种形式。另外，汉语的语素大部分是由单音节组成的。语素既可以单独成词，又可以组合成为词或者复合词。在现代汉语里，双音节词汇占了相当大的比重。大部分的双音节词，是用复合形式组合在一起的。另外汉语语法结构松散，不够严谨，难以系统化。甚至有很多语言学家认为没有语法。

根据现代汉语的语法特点，汉语作为第二语言学习在语法方面呈现如下有利因素：汉语最大的特点是没有严格意义上的形态变化，名词不变格，动词不用按人称、性、数、格、时、态来变位。只需要改变词序，无须添加任何附加成分，形式结构简明。而在语法学习上的难点有：汉语重"意"而不重"形"，以意合为主，隐形语法关系丰富，表意灵活。语序和虚词是表达语法关系的主要手段；词类具有多功能性；双音节化的倾向影响到语法形式；句法结构中有松散的主谓结构和大量的述补结构，还有像"把"字句、"被"字句等特殊句式。

（二）媒介语

中亚国家留学生常选用的媒介语是俄语。俄语属于印欧语系斯拉夫语族的东斯拉夫语支，主要分布在俄罗斯和原属苏联的其他各加盟共和国。俄语是这些地区使用最为广泛的语言。在特点上，主要通过词形的变化，来表示词与词的语法关系以及词在句子中所要体现的意思和所要体现的语法功能。俄语作为印欧语系的一种，是较多地保留了古代词形变化的印欧语系之一。名词有性、数、格的变化。形容词有 30 多个变化形式，其中有短尾和比较级形式。在动词形式变化方面，有 100～200 个，并体现在 6 个方面，即体、时、态、式、形动词、副动词。作为俄语重要组成部分的实词，由词干和词尾两个部分组成，词汇的意义集中在词干，而词尾的作用则用来表示语法意义。

（三）母语

塔吉克语，属于印欧语系印度-伊朗语族伊朗语支。它是波斯语在中亚留下的一个后裔。塔吉克斯坦独立后，主体民族语言塔吉克语成为官方语言。塔吉克语字母中包含 6 个元音和 24 个辅音，名词原形就是主格，领格、与格、宾格则通过附加成分表示出来。人称代词、指示代词、反身代词中的词干，在这些词变格时，也会有所变化。在名词形态方面，名词后面加"-e"表示不定指；在表示某人的某某时候，可以通过元音结尾，辅音结尾来实现；当出现复数词缀时，人称加于其后；名词后加"po"，则表示宾语的意思。在动词形态方面，通过词根或者词干形态的变化，来实现动词时态的变化，而不规则动词，则有特殊的词根形态。动词的人称词尾，过去时和现在将来时，有着明显的区别，现在将来时和现在进行时亦是如此。另外，还有先过去时、一般过去时、长久过去时、过去完成时、过去完成进行时、先过去完成时、确定过去时、确定过去完成时、假定过去完成时、假定式过去时、假定式现在时等。

吉尔吉斯语是阿尔泰语系突厥语族的分支，是吉尔吉斯斯坦的官方语言，吉尔吉斯语有 8 个短元音，6 个长元音，22 个辅音。元音整齐、规律性强，而辅音同化现象比较严重，重音往往会在最后一个音节上面。固有词通过 6 种音节形式进行表达。每种词的附加形式繁多，并且会产生不同的变体。名词有数、格的变化，形容词有级的变化，动词有式、时、人称等的变化。后置词对前面词的附加格比较依赖，助词多为语气助词和强调助词，叹词中包括一批呼唤牲畜时用的词，象声词较丰富。语序是：主语＋宾语＋谓语。

哈萨克语属阿尔泰语系突厥语族，属黏着语，是哈萨克斯坦的官方语言。与其他属突厥语族的民族语言相当接近，哈萨克语元音比较和谐、严整，辅音同化现象较多。名词、代词和数词有七个格，比同语族的许多语言多一个造格。语法附加成分的变体较多。动词谓语第一人称单数附加成分除使用第一人称代词形式外，还使用短尾形式 "-ni[-m]"。有关畜牧业的词语很丰富。哈萨克语通过使用不同的动词形态或者一系列的助动词（许多被认为是小动词）（李亚晴，2013）[9]，可以表示多种不同的时、体和语气的组合。

由此可见，中亚留学生的语言与他们的目的语之间差异很大。下面将列举中亚留学生语法学习的几个案例。

（四）中亚留学生汉语语法学习案例分析

以中亚留学生汉语补语学习为例，我们对其偏误进行了分析研究。

在语法学习过程中，学习者出于交际目的或其他需要，经常使用他们自己认为是对的目的语，但实际上跟规范的目的语相比，他们的表达总感觉很"外国"。塞林克认为语言学习者由于尚未掌握目的语，但出于某种交际需要，创造出介于学习者的母语和目的语之间又逐渐向目的语靠拢的一个独立的系统。（王建勤，2009）[54]中介语具有不完备性、不稳定性和系统性。中介语是一个动态渐变地逐渐向目的语靠拢的开放的系统，对于汉语为第二语言的学习者，汉语补语的学习掌握过程尤其如此。

俄语中没有汉语所谓的补语成分，这又给中亚留学生的学习带来了不小的障碍。在补语习得过程中，中亚留学生会表现出不同于其他母语背景学习者的规律及特点。

通过对中亚留学生自然语料和调查问卷的整理统计，使用黏合式补语时出现的偏误主要有如下几类。结果补语的偏误包括：结果补语遗漏，动词中心语遗漏，结果补语误加，结果补语可能式误代，结果补语的否定式与可能式的否定形式混淆，结果补语带宾语的错序，动补之间误加副词及"到""得"等词，对于做结果补语的词语的掌握和使用都比较有限，等等。趋向补语的偏误包括：趋向补语误加，趋向补语与宾语位置错序，趋向补语遗漏，趋向补语误代以及复合式趋向补语引申用法的误用，等等。数量补语的偏误包括：补语与动词中心语错序，时量补语与宾语错序，补语与离合词错序，"了"的遗漏和错序，时量补语表达有误，动量补语误用，动量词掌握数量不够，等等。介宾短语做补语的偏误包括：介词遗漏或被"着""了""的"等误代，介宾短语做补语与状语混淆，方位名词"上"与介词混淆，处所宾语方位词的遗漏或误用，动补中间误加"着""了"等其他成分以及"到"字短语与时间宾语错序，等等。

1. 结果补语偏误分析

（1）结果补语遗漏

常被遗漏的结果补语有"见、到、上、完、好、成"等，缺失的补语格常用"了"来补位。

　　* 我在校门口看了王老师。——我在校门口看见/到了王老师。

　　* 早晨起床了，我听喜鹊的声音。——早晨起床后，我听见/到喜鹊的声音。

　　* 我根本没想有这样好看的舞蹈。——我根本没想到有这样好看的舞蹈。

　　* 我考了一个好大学。——我考上了一个好大学。

　　* 老师在纸上写所有课的名字。——老师在纸上写上所有课的名字。

　　* 吃饭以后我有空，你来找我吧。——吃完饭以后我有空，你来

找我吧。

　　* 我没有空时间，所以没有写了。——我没有时间，所以没有写完。

　　* 你要做了心理准备。——你要做好心理准备。

　　* 唱片烧了之后，可以做各种形状的东西。——唱片烧软之后，可以做成各种形状的东西。

汉语的一些"动结"结构，如"看见、听到、写上、吃完、做好"等，与不含结果补语的单纯动词的主要区别就在于动作是否有持续意义。凡是"动结"结构，都是非持续性的，反之则是持续性的。上述例句中的"看、听、想、考、写、吃、做、烧"都是持续性动作，加结果补语后，就变为非持续性动作。由于学生对这一语法意义缺乏认识，造成了偏误。

（2）动词中心语遗漏

在"动结"结构中，留学生会出现动词缺失的偏误，用补语直接代替谓语的位置，充当谓语的功能。

　　*"换"字的错了。——"换"字写错了。

　　* 我在教室门口见卡米拉。——我在教室门口看见卡米拉了。

　　* 迪力烁德的破了头。——迪力烁德摔破了头。

　　* 我们赢比赛了。——我们打赢比赛了。

詹人凤（1989）指出，述补结构的语义重心是补语，含结果补语的句子只有一个表述时，述语才是中心。鲁健骥（1999）认为，学生容易遗漏不重要或次要的部分。在结果补语中，如果语义重心是补语，学生会容易遗漏述语；当述语是及物动词，能直接和宾语搭配或受事同时出现在句子中，补语语义和述语语义近似时，学生遗漏述语的可能性更大。上述偏误例句中，"错、见、赢"都可以直接和"字、卡米拉、我们"搭配，这时学生容易遗漏动词中心语，造成语义或结构的不完整。

（3）结果补语误加

留学生会在不需要结果补语的句子中，误加结果补语，使得句子出现偏误。

　　* 希望明年能回学校看见她。——希望明年能回学校看她。

　　* 很多人不想考上研究生。——很多人不想考研究生。

　　* 找到工作有点儿难。——找工作有点儿难。

　　* 父母买好小狗做礼物。——父母买了小狗作为礼物。

　　* 昨天我丢掉了 100 元钱。——昨天我丢了 100 元钱。

　　结果补语通常表示完成，而对于没有完成甚至还未发生的事情，通常不使用结果补语。如例句中"回学校""考研究生"都是还未发生的事情，所以不能在动词中心语后再加上表完成的结果补语。而后三例的"动词＋结果补语＋宾语"与"动词＋宾语"存在明显的意义差别，加上结果补语就造成了成分的赘余。

　　（4）结果补语可能式的误代

　　对于结果补语的可能式"动词＋不＋补语"，留学生经常把"动词＋不了"泛化，用于结果补语可能式的句子中，表示"不能＋动词＋补语"；另一种情况是"动结"之前缺少"能/可以"这类能愿动词，使"能力义"变成了"结果义"，造成了语义差别；第三种情况是"不能＋动词"经常代替"动词＋不＋补语"，造成了句子的偏误。

　　* 我很怕，因为觉得考不了。——我很怕，因为觉得考不过。

　　* 在教室很响声，所以老师说的话听不了。——教室里很吵，所以老师说的话听不到。

　　* 他问我已经会听懂中国人说的话了吗？——他问我已经能听懂/听得懂中国人说的话了吗？

　　* 我听懂你说什么。——我能听懂/听得懂你说什么。

　　* 中国的菜很辣，开始我不能吃，然后我习惯了。——中国的菜很辣，开始我吃不惯，后来习惯了。

　　关于可能式否定形式的意义，张旺熹（1999）概括为"愿而不能"，"这一结构的核心意义在两点：一是'愿'，即整个结构表达人们主观上期望执行某种动作行为或实现某种结果的意义——期望性；二是'不能'，即整个结构表达由于客观原因而使结果不能实现的意义——可能性。"因此，可能式的否定形式一般出现在具有期望义或原因义的句子里。

　　（5）结果补语的否定式与可能式的否定形式混淆

　　结果补语的否定式一般为"没＋动结"，只有在表示假设情况时才用"不＋动结"，而且否定副词一般放在动词前。留学生却常因否定副词的摆放位置以及混用"没"和"不"，把结果补语否定式与可能式的否定形式相互混淆。

　　＊ 你再说一遍，刚才中国人不太听懂你说话。——你再说一遍，刚才中国人没太听懂你说话。

　　＊ 他真想不到这么多年居然是听错了。——他真没想到这么多年居然是听错了。

　　＊ 上次的 HSK 我考不过。——上次的 HSK 我没考过。

　　＊ 因为我通不过笔试，就不能面试。——因为我没通过笔试，所以就不能面试。

　　＊ 我不听见这个声音。——我听不见这个声音。

　　＊ 我不好听懂中国人的话。——我听不懂中国人的话。

　　郭锐（1997）认为，"没"和"不"的对立是过程性和非过程性上的对立。所谓"过程"，卢福波（2004）认为"就是在时间轴上有流程的动态过程，即一是在时间轴上的表现，二是有结点的或无结点的线性表现"。而动结式表现的行为始于一个动作，终于一个结果，在线性过程中经历了一段时间流程，并且客观存在该过程的终结点，因此接受"没"的否定，前四例强调的是没有达到结果，否定形式应为"没太听懂""没想到""没考过""没通过"。和"过程"相对立的是"非过程"，表达的是"点"的概念，从广义上说，大多的确可以把它看作主观范畴领域的东西，因为它们跟客观的线性流程没有直接关系，它们属于认识世界里的东西，可以包括主观的意志愿望，主观的情感态度，主观对客观世界的认识、判断、评价或者跟判断、认识、意愿等有关的可能性，等等。可能式属于"非过程"，因此接受"不"的否定，后两例"听不见""听不懂"强调的是"不能"而非结果。

　　（6）结果补语带宾语的错序

　　留学生常出现的结果补语带宾语的错序情况一般有三种：一是"动词＋宾语＋补语"，二是"离合词＋补语"，三是"不及物动词＋宾语"。如：

　　＊ 我打电话通了。——我打通电话了/电话打通了。

　　＊ 古洛木昨晚喝酒醉了。——古洛木昨晚喝醉酒了/喝酒喝醉了。

　　＊ 我一考试完就回国。——我一考完试就回国/考试一考完就回国。

* 我刚洗澡完。——我刚洗完澡/洗澡洗完。

* 地震的时候倒塌了很多房屋。——地震的时候很多房屋倒塌了。

* 你买贵了这个鞋子。——这双鞋子你买贵了。

结果补语带宾语时，宾语只能放在补语后面，或者述语先带上宾语，重复述语后再带上补语，如前两例"打通电话""喝醉酒"或"打电话打通""喝酒喝醉"；离合词的规律相同，如第三、四两个例句"考完试""洗完澡"还可以说"考试考完""洗澡洗完"。留学生常把宾语放在述补之间或不重复述语直接在离合词后加补语，造成了偏误，而后两例的偏误是在不及物动结后加上了宾语。关于"动结式"的及物性，朱德熙（2002）认为："带结果补语的述补结构跟动词一样，也有及物与不及物的区别。"李小荣（1994）发现，影响"动结式"带宾语的主要因素有补语的语义指向、音节的数目和句法环境。补语指向施事，说明施事自身运动变化的结果，一般不能带宾语，如例句中的"倒塌"；补语指向动作，说明动作本身的客观情况，不涉及名词性成分，因此不能带宾语；补语指向受事，表示与理想相反的结果或偏离了某项预期标准的结果，一般不能带宾语，如例句中的"买贵"。此外，大多数双音节词语的"动结式"不能带宾语。

（7）动补之间误加副词，以及"到""的"等

留学生时常在动补之间插入其他成分或词语，造成语法偏误。如：

* 不学非常好汉语怎么会当汉语老师呢？——不学好汉语怎么能当汉语老师呢？

* 我吃很饱了。——我吃饱了。

* 小心别把牛奶热到坏了。——小心别把牛奶热坏了。

* 学习的完了以后，我想去大使馆工作。——学习完以后，我想去大使馆工作。

结果补语主要用来表示动作或状态变化而产生的结果，与述语结合紧密，中间不能插入其他成分（"得/不"除外），尤其当形容词充当结果补语时，述补之间不能插入程度副词"很、太、非常"等。

从整体来看，中亚留学生使用结果补语时除了存在自然语料整理出的七种偏误之外，通过测试卷考察，他们还存在动补错序，对于做结果补语的词语的掌握和使用都比较有限，结果补语否定式中否定词的误用，以及

结果补语与其他补语同时出现时的错序问题等。对于结果补语遗漏以及与宾语错序的偏误，自然语料显示中级学生偏误比例相对较高，而测试结果显示其偏误率随学习等级的提高而逐渐降低。对于结果补语其他几类偏误的考察结果与自然语料的整理结果基本一致。

2. 趋向补语偏误分析

（1）趋向补语误加

趋向补语的语义丰富，适用面广。留学生接触了一些趋向补语后，就开始用已知的知识联想、推断，导致一些趋向补语的使用不当，出现了泛化偏误，趋向补语误加是其中的表现之一。

* 趁早给自己找个台阶下去。——趁早给自己找个台阶下。

* 按照医院的规定，我们不能带来东西给爸爸吃。——按照医院的规定，我们不能带东西给爸爸吃。

* 我把深深的祝福与爱送上给你。——我把深深的祝福与爱送给你。

* 一个小孩儿自从出生下来就没有妈妈了。——一个小孩儿自从出生就没有妈妈了。

* 我看了一部忧郁的电影，所以哭了起来。——我看了一部忧郁的电影，所以哭了。

前三例是简单趋向补语"去""来"和"上"的赘余，"下去"具有不及物的特性，后面不能带宾语，我们只能说"下台阶"；"带来"和"送上"虽是及物的，但它们也带有一定的"实现性"，而句子原本想说明的只是"带东西"这件事和"送给你"这一动作。后两例是复合趋向补语"下来"和"起来"的赘余，"出生"本来就有"生下来"的意思，后面再加上"下来"显然是多余的，而例句中的"起来"属于复合趋向补语的引申用法，"哭了起来"表示开始哭，强调由不哭转入哭的过程，但句子的本意是说明"哭了"这件事。

（2）趋向补语与宾语位置错序

谓语动词同时带趋向补语和宾语时，补语和宾语的位置是一个比较复杂的问题。一般受以下几个因素的影响：谓语动词表示的动作是否实现，宾语的性质及谓语动词的性质等。留学生在学习过程中出现的宾语位置的偏误十分突出，且一直持续到高级阶段。

　　* 在一部电影我们可以看出来三个不同场景。——从这部电影中我们可以看出三个不同场景来。

　　* 我们没有带来精读课本。——我们没有把精读课本带来。

　　* 老师拿去这个 U 盘了。——老师把这个 U 盘拿去了。

　　* 我要立刻拿回去这个。——我要立刻把这个拿回去。

　　* 我想起来这个问题。——我想起这个问题来。

　　* 我们可以看出来人的丰富。——我们可以看出人的复杂来。

　　* 阿扎马特急急忙忙进来我们的班。——阿扎马特急急忙忙进到我们的班来。

　　* 我要回去哈萨克斯坦。——我要回哈萨克斯坦去。

　　* 我不想回去宿舍。——我不想回宿舍去。

　　"来""去"做简单趋向补语带一般宾语时，宾语位置通常比较灵活，既可以在"来、去"前，又可以在其后，而当宾语为确指时通常只能放在"来""去"之前，前两例的"精读课本"和"U 盘"都为确指，所以只能放在"来""去"的前面。同时，金立鑫（2003）认为"来""去"具有标记主要动词时体的功能。

　　表示动作实现并结束的句子，宾语一般在"来""去"之后，有确指宾语的句子要表示已然动作，则必须采用"把"字句；表示动作未实现的句子，宾语一般在"来""去"之前；如果是处所宾语，则只能放在"来""去"之前。

　　在复合趋向补语中，如果宾语为一般宾语、不确指时位置比较自由，可以放在补语前、补语后或者补语中间，如：拿出来一本书/拿出一本书来/拿一本书出来。由于"来""去"是动词的时体标记，所以这三个句子的区别还是在动作的时体意义上。"拿出来一本书"表示动作实现并已结束，"拿出一本书来"表示动作实现了但还在持续，"拿一本书出来"表示动作还未实现。如果宾语是确指的，则只能放在补语之前或中间，其区别还是在于动作的时体意义不同，如果要表示动作实现并已结束，则需用"把"字句。如果是处所宾语，则只能放在复合趋向补语之间。

　　根据已有研究，不仅是中亚留学生，很多其他国家的学生在使用趋向补语带宾语（尤其是处所宾语）时都出现了同样的偏误。当询问出现此类偏误的留学生为什么这样表达时，有学生认为，他们分不清宾语是否为确指，也不会考虑动作的时体意义，因为学生先学习不带宾语的趋向补语，并把该结构当作一种固定表达，所以再加上宾语时，自然而然会直接放在动补之后，而不会放在述补之间或复合趋向补语之间。

（3）趋向补语遗漏

该用趋向补语而没用，也是留学生在学习趋向补语时比较普遍的偏误现象。这其中既有简单趋向补语的遗漏，又有复合趋向补语的遗漏；既有表趋向义补语的遗漏，又有表结果义补语的遗漏；也有表引申意义补语的遗漏。如：

　　* 他把钱包塞了口袋。——他把钱塞进了口袋。

　　* 拿一个厚厚的笔记本。——拿出一个厚厚的笔记本。

　　* 又一天过了。——又一天过去了。

　　* 他们要继续生活着。——他们要继续生活下去。

　　* 不一会儿天就下雨，我们没有带伞。——不一会儿天就下起雨来，我们没有带伞。

前三例为简单趋向补语的缺失，其中"塞进"表示趋向义，"拿出""过去"表示结果义；后两例是复合趋向补语的缺失，缺失的补语都为引申用法的补语，"下去"的述语是动词则表示动作的继续，述语是形容词则表示出现的状态的弱化，"起来"的述语是动词则表示动作由静态进入动态，述语是形容词则表示进入某状态并逐渐强化。

（4）趋向补语误代

留学生虽然有使用趋向补语的意识，但在使用时未能分清趋向补语子系统内具体词语之间的语义区别。在趋向补语误用中，最常出现的是"来"的泛化和"起来"的泛化。

　　* 回来国家的时候，我始终想用筷子吃饭。——回到祖国的时候，我始终想用筷子吃饭。

　　* 儿子在外面还没进来家里。——儿子在外面还没进到家里。

　　* 我一听就吓了起来。——我一听就吓了一跳。

　　* 这个答案我想不起来。——这个答案我想不出来。

前两例是简单趋向补语"来"与结果补语"到"误代了，虽然"回来""进来"有结果义，但句中的"国家"和"家里"是动作结束的终点，所以应该用"到"而非"来"。后两例是复合趋向补语的误用，"吓"是非持续动词，不能搭配"起来"；而"想不起来"意为"知道答案，只是一时忘了"，"想不出来"意为"不会做，不知道答案"。

从整体上来说，留学生对趋向补语的敏感程度比对结果补语的敏感程度高，很多学生都存在能够找出错误但不能改正错误的问题。例如，在"我们走回去宿舍"这一病句中，复合趋向补语"回去"与宾语"宿舍"位置不当，大部分学生的改法是删去动词中心语"走"而直接使趋向补语与宾语结合，成为"我们回去宿舍"，或把"去"也删掉，直接说成"我们回宿舍"，剩下部分学生认为此句没有错误。因为"宿舍"为地点宾语，它的位置只能在复合趋向补语中间，应改为"我们走回宿舍去"。又如，在"弟弟经常给我带很多麻烦来"一句中，简单趋向补语"来"与宾语"麻烦"位置不当，大部分学生的改法是删去"来"，使动宾直接结合。他们已经意识到错误之处在"来"上，但很多留学生都未能改对。此句的正确改法应该是"弟弟经常给我带来很多麻烦"。很多留学生都会出现简单趋向补语与复合趋向补语混用的偏误，在对简单趋向补语误用为复合趋向补语的病句改错中，例如，"小明一回家就跑出了"，很多留学生或直接删去"出"，或把"出"换成"走""回"等其他词语。其正确改法应该是"小明一回家就跑出去了"或"小明一回家就跑出来了"。又如，在对"他轻轻地走出来房间"这一将复合趋向补语误用为简单趋向补语病句的改错中，很多学生或删去动词中心语"走"，或把复合趋向补语"出来"改为"进来""进去""出去"，或认为这句话没有语病。其正确改法应该是"他轻轻地走出房间"。在对复合趋向补语引申用法误用的病句的改错中，例如，"音乐一响，我们就唱了下来"一句，很多留学生或在"了"字上做文章，把它移至末尾，变为"我们就唱下来了"，或找出错误但未能改对，把"下来"改为"下去""出来"等。此句的正确改法为"音乐一响，我们就唱了起来"，符合趋向补语"起来"在这里修饰"唱"，表示动作的开始，并继续下去。

（5）小结

自然语料整理结果显示，中亚留学生使用趋向补语主要存在趋向补语误加、遗漏、误代以及与宾语错序这四种偏误。有学者通过调查发现，在趋向补语与宾语位置的问题上，留学生对复合趋向补语加宾语后的位置掌握得不好；同时，留学生对复合趋向补语的引申用法的使用情况也不好。自然语料的整理结果与测试卷的统计结果基本一致。（刘晨，2012）

总而言之，留学生在学习第二语言的时候，必然会受到母语的影响，这一点在初级学习阶段尤为明显，因为语言学习者刚刚接触一门新的语言，在最开始，学到的只是零碎的语言知识，远没有形成一个完善周密的语言体系，所以习惯性地会寻求母语的庇护。随着不断地学习，学习者会更加开放地对待第二语言的知识点，慢慢建立起一套新的语言存储系统（也可以说是所谓的语感）。这个时候，对母语的依赖就小了，母语在语言习得中的负迁移作用也会不断减弱。

三、教学方法

第一，教师应努力了解留学生母语的特点，预测容易产生的偏误情况，做到教学更有针对性。汉语中的补语现象，是中亚留学生母语中并不存在的。留学生在刚刚接触补语时，会无意识地进行两种语言的比较，在自己母语中找到相应的表达方式，所以这个阶段学习补语，不可避免地会受到母语体系的影响。教师虽然没有办法帮助留学生在学习汉语的过程中，免除母语负迁移的影响，但是可以通过对留学生母语和目的语之间的差异的分析，预测可能由母语负迁移产生的偏误，预测到哪些是重点、哪些是难点、哪些应该多准备练习题、哪些可以简单讲讲。这样的规律性的、整体性的把握，将更加有利于以后的对外汉语教学研究，有利于我们从本质上确定教学方法论，提高教学质量和效率，做到有的放矢。

第二，教师要努力在日常教学中总结和分析留学生的偏误情况，并应用到课堂教学中，进行有针对性的练习。补语是汉语中一个复杂而又丰富的语法现象，很多课文都会出现补语的内容，留学生在学习过程中会觉得很难掌握，没有头绪。所以教师更应当对教材有深刻的了解，对于教材上不够重视但又很重要的部分，自己收集材料，进行对比分析和案例研究，在自己大脑里形成一个宏观的补语体系，以弥补教材的不足，以方便教学。此外，在开始讲授补语时，不要急于求成，而要一步一个脚印。毕竟补语的确是语法的一大难点，急于求成，猛然倾囊相授必定会让留学生觉得难度太大，不利于长期的学习。此外，在进行完补语的课堂教学后，应积极收集留学生的补语作业完成情况，对留学生的学习状况了然于心，从而为补语的复习和新补语的讲授提供依据。

第三，教师应加强语言对比分析及对比教学。在汉语语法的教学中，教师要针对中亚留学生的汉语习得特点，将语言对比或比较贯串于整个语法教学中。通过比较，总结出留学生已有的语言系统对汉语学习产生干扰的规律，方可预测和解释学习者的难点，排列教学顺序，修正教学大纲，弥补教材的不足等。

第四，教师应分阶段进行汉语语法教学。认知心理学认为，在第二语言习得的过程中，学习者先建立的是形式与功能的初步对应关系，随着接受言语数量的增加，形式和功能的映射关系不断增强、调整，才逐渐和第二语言的形式靠拢。这说明第二语言的习得是有阶段性的，在对外汉语教学中要根据不同母语背景留学生的习得规律及困难系数，重新划分教学内容，进行分阶段教学。

第五章

中亚留学生汉字教学

文字是记录语言的符号，它用相对稳定的形体符号来记录语词的音和义，成为形、音、义三者的结合体。但形、音、义三者并不在一个层面上，其中字形是文字本身所固有的，字音、字义则来源于它所记录的语词。不同的文字体系，由于记录语词的方式不同，形、音、义之间的关系也各不相同。世界上的文字类型主要有表形文字、表意文字、表音文字，它们大体标志着文字发展的三个不同阶段，依次为：表形文字（图画文字）→表意文字→表音文字。就文字的发展规律和文字的功能来看，表音文字是文字发展的趋势。

表形文字也叫象形文字。属于人类文字发展的最初阶段，通过描摹客观事物外部形象的方式记录和表达该事物，但是表形文字严格地说还不是体系严整、功能完善的文字系统。因为：①它们还不能直接与语言中的词语准确地结合；②可以表义，但不能准确表达词语、更不能准确表音；③只能表示具体的事物，不能表示抽象概念。

表意文字是人类文字发展过程中介于表形文字和表音文字之间的一个阶段。表意文字通过象征性图形符号，表达语言中的词或者语素的意义。图形符号往往通过结构成分和结构关系来表达简单或复杂的意义，图形符号的意义并不能"直接看出来"，而且文字的意义和所记录语词的读音具有对应的关系。因此表意文字已经是系统严整的文字符号体系，能够标记语言中的词汇，能够记录和表现语言的语法关系。表意文字包括词字、词素字等类型。

表音文字又叫字母表文字、拼音文字。它使用少量的字母记录语言中的语音，从而记录语言，在数量上便于学习和使用，并且方便排序，具有客观可操作性。世界上大多数国家的文字都是表音文字。表音文字包括音节文字、音素文字（或称音位文字）等类型。

汉字的产生，是先人们观于天，察于地，虑之于心，行诸笔端的结果。所谓"圣人不空作，皆有依据"。古人从语言表达的需要出发，根据中华民族生活习俗、心理观念、约定俗成构建了汉字体系。汉字是表意的，也就是说，汉字总是依据它所记录的汉语的义项来选择形体的，形义之间的这种联系，就叫作构形理据，又叫构意。（王宁，2002）[24] 在汉字的形、音、义三要素中，只有字形是汉字的本体。字形是汉字的外在形式，是汉字存在的物质基础，字义是汉字要表达的本质内容。汉字在造字之初，"以形示意"的形义关系清楚明晰，但是经过几千年的发展演变，现代汉字的形义已不是简单的一对一的关系，而是呈现出较为复杂的局面。

汉字有六个基本特点：①从书写形式看，汉字是平面型方块体汉字，音素文字的字母在构词时是呈鱼贯式线性排列的；②汉字的形、音、义之间原本存在一定的理据，汉字尤其是古代汉字的形、音、义之间原本存在着一定的联系；③汉字记录的语音单位是汉语的音节，汉字和音节之间并不是一一对应的，一个音节往往对应多个汉字（同音字），有的汉字也可能对应多个音节（多音字）；④汉字记录时，不像拼音文字那样采取分词连写，而是无间隔连写，一个汉字就是一个语素，因而在汉语的书面语中分别语素是较为容易的，分别词就较为困难些；⑤从汉字自身来看，汉字数量多，字形结构复杂；⑥汉字具有一定的超时空性。

第一节　教学原则

汉字的教学要结合汉字的特点来进行，因此我们认为要贯彻如下基本原则。

一、随文识字和集中按汉字规律识字相结合

长期以来，对外汉字教学大都采用"随文识字"的方法。其优点是"字不离词，词不离句，句不离文"，利于掌握汉字的意义和用法，每学一个新字都是形、音、义紧密结合，避免忽视汉字的学习和记忆；缺点是无法按汉字本身的规律和由易到难循序渐进的原则进行教学。所以要把随文识字和集中按汉字规律识字相结合：先教独体字、笔画、笔顺，再教合体字、部件和结构，由易到难，循序渐进；经常安排一些集中识字的课程，如按象形字、指示字、会意字、形声字、假借字等类别字，按表示手、脚、眼睛、口、身体等的动作的类别字，按人身体各器官和各部分、常见动物、植物、家具、文具等的名称的类别字集中学习，在"汉字构词的词义的网络系

统"（周健，2007）[120]中集中学习，以及寻找近义词、同音词、反义词等各种集中识字方法，来学习一些常用汉字，扩大识字量。（周健，2007）[175]

二、字和词相结合

汉字作为语素文字，它组合新词的能力极强，而复合词的意义一般可以由其组成成分去推求，学习汉字对学习汉语词汇有很大的推动作用。因此很多学者认为，真正体现汉语结构特点的是"字"，不是"词"，只有把"字"作为词汇、语法教学的一个基本教学单位，才能体现汉语的特点。对外汉语教学要加强作为形、音、义结合的"字"的教学，安排一定数量的集中识字课型，按汉字的结构规律进行汉字教学，而不仅仅是把"字"作为书写单位，作为词汇教学的附属品。不过，现代汉语词汇中单音词所占分量较少，以双音词为主；在交际中使用的也是词，不是字。因此，"在强调汉字教学的同时，词汇教学的重要性仍不能动摇。字与词的教学应该紧密结合，充分应用汉字极强的组词能力，采取'以字解词''由词析字'的办法，培养学习者望字猜义的能力，了解组字成词的规律"。（刘珣，2002）另外，以"词本位"为基础的对外汉语教材，字词比例太低，不合乎汉语的实际情况。因此，字和词结合不仅仅指"字不离词、词不离句、句不离文"，结合词、句、文并在词、句、文中理解字的意义；而且它强调学习字的时候要多组词，借字来学习词，扩大词汇量，强调把集中识字和集中识词结合起来，在字词的网络系统中学习字词。

三、利用表音表意特点识记汉字

这是要按照汉字构形构义具有理据性的特点来进行教学，根据许慎的"六书说"的理论来分析字形，识记字音，理解字义；根据汉语词用汉字表示的方法，对汉字形、音、义进行归纳、分析，可以激发外国学生对汉字的学习兴趣。对于象形字、会意字、指示字，通过讲解字形的演变及其表示意义的方法，帮助学生记忆。形声字用形旁和声旁的联系，串起已经学过或常用过的汉字，帮助学生认识形声字的结构规律。举例来说，教学生"清"字时，要问学生，认识哪些含有三点水（氵）的字，学生可能会说出"江""河""海""洋""洗""溪""湖""流"等字，教师把这些字写在黑板上，并问这些字都与什么有关，学生自然知道是与"水"有关。然后再问学生，哪些字里含有"清"的右边部分？学生可能会说出"请""情""蜻""晴""静""睛""精""靖""婧"等字，教师有意把这些字分两行写在黑板上，然后问学生，这些字的读音有什么共同的地方，学生会发现第一行的字的声母韵母都一样，读 qing，第二行的声母韵母也一样，读 jing。这样通过对字音、字形、字义的分析和归纳可以将汉字之间的联系教给学生，让学生在学会一个汉字的同时掌握相关的汉字，达到事半功倍的教学效果。又如，教学生"蝴"字时，老师可以问学生，认识哪些虫字旁的字，学生会说出"蚊""蝇""蜻""蜓""蝶"等，这些都是与昆虫有关的字。接着问学生，哪些字含有"蝴"的右边部分？学生可能会说出"湖""瑚""糊""葫""猢"等字，教师将这些字写在黑板上标注拼音，学生会发现这些字的读音一样。

四、通过揭示汉字文化信息来引发学习兴趣

汉字的一个鲜明特点是蕴藏丰富的信息，特别是文化信息。与拼音文字相比，汉字确实难记、难认、难写，主要因为汉字笔画部件多，结构纷繁复杂，声旁不一定表音等。进行汉字教学时，教师可以适当揭秘汉字中的文化因素，让学生慢慢体会汉族先民的内心世界，由此激发学生的学习兴趣，可以在一定程度上帮助学生克服因为汉字难学而导致的枯燥乏味。

例如"姓"这个形声会意字来自"天子赐姓"。"姓"是指天子是女人所生，所以从"女"从"生"，"生"亦声，《说文解字》载："姓，人所生也。古之神圣母，感天而生子，故称天子。""姓"字可以告诉我们如下一些古代的文化信息：姓是怎么来的；天子是怎么出生的和身份的高贵——自称非凡夫俗子，乃上天的儿子，是天帝派来管理人间的，具有至高无上的威权；统治者是怎样神化自己而迷惑百姓的；中国古代曾有一个时代是以母性为尊和把母亲作为家庭的核心的母系社会；等等。再如"监"（監）字，其繁体字的左上部分的"臣"是"目"的变形，右上部分是"人"的变形。字形表示了一个人睁大眼睛看有水的"皿"，表示"照""视"，也就是照镜子的意思。这反映了远古时代没有镜子，一直是把水当作镜子的文化信息。《尚书·酒诰》引古人言："人无于水监，当于民监。"体现了"监"

字的原意。"监"字后来有监察、监临等意思，后来用"鉴"字延伸了"监"的本义，因此"鉴"也有照镜子的意思。

如果像这样在汉字教学中贯通古今，揭示汉字的文化信息，相信汉字教学不会再枯燥乏味，而是充满情趣，"汉字难"会得到一定程度的缓解。这样的汉字教学可以让学生增长知识、开阔视野，还能开发学生的思维潜能，而非一味地机械灌输、死记硬背。

五、分析结构部件并按笔顺笔画书写书空

汉字的结构复杂，给第二语言学习者一种汉字是一幅错乱的图画，难以辨认的感觉。这就需要解析汉字，分析其结构。首先把它分解成部件，再进一步把部件解析为笔画，之后继续分析这些笔画是按怎样的顺序组合起来的，经过这样的分析才能把汉字化难为易，取得汉字的"字感"。笔画是现代汉字的最小构形单位，要把每一种笔画的名称教给学生，并训练学生边念名称边写，把笔画写准确，起笔转笔要顿，收笔要迅捷。要求学生掌握基本的笔顺：先横后竖，先撇后捺，从上到下，从左到右，从外到内，先里边后封口；写字的时候能按笔顺边写边说出笔画名称。部件是具有组字能力的汉字形体结构单位，是掌握汉字字形的关键，对于分析字义、认读字音也有很大的作用。学习并牢靠掌握部件的形、音、义，可以减少学习汉字的难度。部件和部件是按一定的结构组合成汉字的，汉字的结构一般包括：左右结构，上下结构，包围、半包围结构，独体字结构，品字结构等。掌握汉字的结构，是获得汉字二维空间的"字感"的关键。

有的老师布置汉字抄写作业，一个字写拼音、抄写、组词占据两三行，严重打击了学生学习汉字的兴趣。学生为了完成作业就潦草写字，养成了写字不端正的习惯。要改变这种机械抄写的习惯，还要让学生会写会认要学的生字，教师应注意：一要少写，每个生字抄写不多于三遍；二要反复写，除了刚学后要写外，单元结束、期中、期末都需要加强练习；三要加强书空。所谓"书空"，就是不拿笔用手指在空中、桌上、书上等空写，边写边念出笔画名称，写的时候同样讲究起笔转笔的顿挫，收笔的迅捷，写得有模有样，最好结合分析结构、部件、组词、拼音进行。如写"转"字，口中一边念"转，翻转，转身，zh-u-ǎn—zhuǎn，左右结构，'车'字旁，

'专'字边，横，撇折，竖，提，横，横，竖折折，点"，用手指一边在空中或其他地方空写出这些笔画。一般在读课文读到生字表或读课后的生字表以及老师抽查学生是否记住生字时，都可以书空。书空除了能记住汉字的结构、部件、整字外，最大的好处是帮助学生正确且牢固记忆汉字的笔顺。

六、加强对比和引申

汉字教学难点在于形近字、同音字和多义字。这本来就是中国学生的学习难点，而对没有接触过二维平面的汉字的母语为拼音文字的学生来说就更难了。特别是那些在汉字学习还处于混沌模糊阶段的学生，经常出现因为分辨不清而张冠李戴的错误。形近字，像"今"和"令"，"土"与"士"，"日"与"曰"，"凉"与"谅"，"乒"与"乓"，"刀"与"力"等，少一笔、多一笔，长一点、短一点，胖一点、瘦一点，或其中一个部件稍有区别，或笔画之间存在相离、相交、相连等不同的位置关系，学习者往往忽视它们之间的区别而张冠李戴。如"历史"写成"历吏"，"拟人"写成"似人"，"休息"写成"体息"，等等。学习同音字时，也因为没有彻底弄清它们字义之间的区别，没有完全学会每一个同音字而同样张冠李戴，互相混淆。比如"严厉"写成"严历"，"利害关系"写成"厉害关系"，"寻人启事"写成"寻人启示"，等等。为了避免出现这些错误，教学中就必须加强形近字、同音字之间的对比，比较字形、结构和字义的不同；讲评作业、作文时，必须抓住因为形近字、同音字误用而出现的错误，详细分析错误的原因，告诫学生注意形近字、同音字的区别和使用。（刘伟乾，2010）

多义字是造成学生无法彻底地、一步一个脚印地学会一个个汉字的主要原因。一个汉字往往有几个意思，在一定的语言环境，比如随文识字的环境中只学到其中的一个意思，要对这样一个生字做到会写会认还可以，但要做到会用就难了。因为只有弄懂了这个字的所有意思，知道它出现的所有语言环境，才能正确使用这个字。要弄懂这个字的所有意思，较好的办法是注意字义是怎样引申变化的，全面了解所有字义之间的关系。例如，学习"道"，它的本义是路，如"行道之人""康庄大道"；由于路是通往不同方向的，于是"道"就有了"方向"义，如"志同道合"；从方向又产生

"道理、方法"的意义，如"得道多助"；再引申出"讲道理、说话"的新义，如"道谢""说道"。这样了解了各种字义之间的关系，就更好地记住了所有字义，但这离会用也还有一定的距离。

七、反复练习

汉字的习得特点主要靠多看、多说、多写。汉字是非常容易忘记的，所以首先要多写、多记，如第五条原则说的：在学习后、单元结束时、期中、期末反复写。其次，还要多听、多看、多读，在不同的语境中接触这个字，这个字就渐渐进入脑海里面储存起来，成为储存在大脑里的汉语言语信息的一部分，用的时候就跳出来了。再次是多说、多用，这对于增强汉字运用的提取性很有帮助。一个生字，只有反复应用，才能纯熟，用的时候才能脱口而出。总之，第二语言学习者对于汉字的认知习得有一个由"混沌"到"模糊"，由"模糊"到"清晰"的阶段，有一个由"量变"到"质变"的犹如突然"开窍"的变化过程，而促进这种由模糊到清晰的提升，由量变到质变的开窍，关键在于反复练习，在于对汉字多看、多读，多用、多写。

总之，我们不仅要认识到汉字结构复杂、难掌握的特点，也要看到它的理据性强、信息量大的优点，采取相宜的策略，化难为易，抓住优势，激发兴趣，特别是抓住它的认知习得规律，突破汉字繁难的学习关卡，使学习者爱学汉语，汉语水平迅速提高。

第二节　教学目标

汉字教学，是对外汉语教学中的现代汉字教学。仿照对外汉语教学名称，也许可以称之为对外汉字教学。它是对外汉语教学的组成部分。（卞觉非，1999）[71] 诚然，在汉字教学中不可能不涉及汉字文化及其相关问题，但我们不能把汉字教学的重点放在文化揭示和知识讲授方面。汉字教学虽然涉及文化，但是汉字教学不是文化教学。必须十分明确：对外汉字的教学对象是现代汉字，汉字的文化教学不是对外汉字教学的主要任务。实践表明，如果对汉字教学的定位含混不清，就会干扰和偏离汉字教学的方向，影响汉字教学的效果。所谓对外汉语教学中的现代汉字教学是指：以外国人为对象的，以现代汉字为内容的，用外语教学方法进行的，旨在掌握汉字运用技能的教学活动。汉字教学的根本目的是讲清现代汉字的形、音、义，帮助学生认读汉字，书写汉字，学习汉语，掌握汉语的书面语（卞觉非，1999）[72]。当然，学生在学习汉字的过程中，同时必然也在接触和学习汉字文化，毫无疑问，这是汉字教学自然产生的客观效果，无须刻意追求。必须特别强调，汉字是语素文字，一个学生掌握汉字数量的多少，不仅关系到学生的汉语口语水平的高低，而且也是学好汉语书面语的关键。现代汉字教学，应该贴近教学对象的实际。

　　我们的教学对象可分两类：一类是既不懂汉语又不识汉字，在语系上和文字体系上跟汉语汉字完全不同的欧美等国学生；另一类是同属汉字文化圈的日本、韩国学生。后者虽然认识一些常用汉字，但不会说汉语，而且日语和韩语在语系上跟汉语没有亲属关系。比较起来，日本学生和韩国学生学习汉字相对比较容易，因为，日本学生在中学阶段就掌握日本常用汉字 1945 个，韩国学生也掌握 1800 个韩国常用汉字，撇开读音不谈，这对他们学习汉语词汇会有一定帮助。不过，由于日本和韩国汉字的字义在借用汉字时跟中国汉字在内涵和外延上不尽相同，因此，他们很容易望文生义，产生负面效应，有名的例子是：日本的"手纸"相当于汉语的"信"，汉语的"点心"则相当于韩语的"午饭"。（孟柱亿，1997）从学习汉字的角度，汉字文化圈的学生肯定要比汉字文化圈外的学生学起来容易得多，但是必须指出，三个国家的汉字分别记录的是三种不同的语言，因而日本、韩国学生在学习中国汉字时都应该把汉字当作外文来学习，不这样是学不好汉语的。事实上，也许由于认识上的偏差，日本和韩国学生并没有因为认得汉字的优势而一定比欧美学生学得更好，特别是在口头表达方面。

　　当然，学习纷繁复杂的汉字，对于年过 20 的留学生而言也绝不是一件轻松愉快的事情，若要记忆更是苦不堪言。国内大多数学校都比较重视汉字教学，做出了较好的安排。在初级阶段，有的学校还专门开设了汉字课，布置汉字书写练习。到了中级阶段，则把汉字教学置于课文教学之中，汉字教学与汉语词汇教学同步进行。这样做的好处是，可以把汉字教学与汉语词汇教学结合起来，使学生比较准确地理解汉字的字义。但是如果处理不当可能也会产生弊端，即以词汇教学取代汉字教学。因为，教师在课堂教学中，通常把注意力放在课文的阅读与理解上面，关注的是词语和语法教学，汉字只是作为词汇的一个单位教给学生，这样很容易忽视汉字的教学。所以，有人说，所谓汉字教学只是初级阶段才有，到了中级之后就不知不觉地被取消了，很难说还有严格意义上的对外汉字教学。我们认为，汉字教学应该贯彻在基础汉语教学阶段的全过程。留学生通常从图形上认读汉字，提取汉字的形体图像，疏于记忆，如果教师不做特别强调和提示，学生们很难分辨汉字的部件和笔画，因此写起来常常丢三落四。通常的情况是，各校一年级学习汉语的人数很多，但许多人浅尝辄止，遇到困难就半途而废。"经过十年寒窗生活以后，只剩下极少数的学生攀登硕士或博士的高峰。"（柯彼德，1997）[590-591] 即使这些佼佼者，他们的毕业论文也几乎很少是用汉语写就的，通常是用自己的母语。他们的汉语说得很流利，但是他们中一些人在阅读、特别在书写方面依然存在许多困难，离所谓"语言通""文化通"和"中国通"还有相当的距离，最明显的原因是汉字的难关。他们对汉字往往缺乏审断能力，不能分辨"浃、挟、狭、铗，挡、档、裆，买、卖、实，没、设，讷、纳、呐、衲，募、幕、蓦、慕、暮，卷、券"（柯彼德，1997）[591]，所以动起笔来常常出错，打出来的文字也错得离奇。这就是当前的汉字教学情况。究其原因是多方面的。

　　在理论层面上，有人从本体论出发，认为先有语言，后有文字，文字只是记录语言的符号，符号是可以跟本体分离的。最能体现这一思想的是美国结构主义者约翰·德·法兰西斯（John De Francis），他主编的《初级汉语读本》《中级汉语读本》《高级汉语读本》就分为拼音本和汉字本两种。他主张先教会话，后教汉字，对于那些只想学习会话单项技能的人也可以不教汉字。这种看法和做法曾流行于欧美，也深深地影响着欧美学生。他们普遍地存在着重口语、轻汉字，重阅读、轻书写的倾向。从哲学层面上说，语言先于文字的观点无疑是正确的；但是如果某种语言一旦拥有了文字，文字对语言的反作用也是不可忽视的。特别是像汉字这样的语素文字对汉语的反作用尤其明显，甚至达到了惊人的程度。汉字与汉语简直难解难分：是汉字保留了古代汉语的词语，保留了古代圣贤的语录，保留了古代优秀的诗词歌赋、格言成语，保留了古代汉语特有的语法格式，并把它们中的一些成分原封不动地保留在现代汉语之中。一个外国学生，如果真的要学好汉语，成为汉语方面的高级人才，不学习、掌握汉字是不可能的，把汉语学习跟汉字学习对立起来的做法也是不可取的。事实上，汉字已经成为汉语特定的组成部分，学习汉字就是学习汉语；若要学好汉语，必须得学习汉字。

在操作层面上，有人从同源论出发，认为汉字就是汉文化，在教汉字时往往大讲汉字的源流嬗变、文化考察、风俗探源、书法艺术欣赏等等。如果如此理解汉字教学，人们就可以这样讲授"茶"字："茶"在《说文·草部》中为"荼"："荼，苦荼也，从草余声。同都切。"据大徐本注："此即今之茶字。"然后引证《广韵》："宅如切，平麻澄。"再论"茶"字三种写法"茶、榯、荼"，根据唐·陆羽《茶经·一之源》注解："从草，当作'茶'，其字出《开元文字音义》；从木，当作'榯'，其字出《本草》；草木并，作'荼'，其字出《尔雅》。"再解释"茶"的民俗含义：旧时订婚聘礼的代称。如"三茶六礼""受茶"。明代陈耀文《天中记·茶》中载："凡种茶树必下子，移植则不复生，故俗聘妇必以茶为礼。"《清平山堂话本·快嘴李翠莲记》："行什么财礼？下什么茶？"再讲茶的种类，茶的功能，茶具、茶道，等等。讲者用心良苦，努力在弘扬汉字文化，听者如坠入云雾之中，一无所获。难道这是对外汉语教学中的现代汉字教学吗？当然不是。正确的方法是，讲清"茶"的形、音、义，告诉学生"茶"字的用法和写法。还有，教师可以进行组词练习，比如"红茶、绿茶、新茶、陈茶，茶馆、茶道、茶点"等，并且时不时地考考学生们记住了没有。如此足矣。

只有在理念上和操作上取得一致的看法，才能进行真正意义上的对外汉语教学中的现代汉字教学，才能实现汉字教学的目标。

汉字教学是实用科学。从事对外汉语教学的教师应该具有丰富的汉字知识，但并不是把这些知识统统都要倒给学生。一方面，要加强现代汉字本身的研究，将他人的研究成果，用于汉字教学之中；另一方面，也要研究汉字的教学方法，了解学生的实际，选中切合学生学习汉字的重点和难点，通过反复讲练，形象而直观地分层级进行汉字教学。

一、讲清现代汉字的性质

汉字是语素文字，而非拼音文字。一个汉字均由形、音、义三个部分组成。形、音可以变化，但基本字义一般不变。例如，"女"，《说文解字》载："妇人也，象形。王育说。凡女之属皆从女，尼吕切。"现代汉字"女"字形由篆而隶而楷，但基本字义不变。很多由"女"组成的合体字仅《说文解字》中就有"姓""娶""婚""妻""姑""妹"等 244 个。"女"作为基本语素，可组成多字节，前置如"女儿""女方""女工""女皇""女人""女士""女强人"等等。"女"也可后置，如"闺女""美女""少女"等等。记住一个"女"，就可以认知由"女"组成的合体字以及跟"女"有关词语的意义。由此可见，记忆构词能力很强的独体字，对于学习汉语和汉字是何等重要！

现代汉语常用汉字有 3500 个。对外汉语教学根据实际需要对 3500 个常用汉字做了适当的微调，按照《汉语水平词汇与汉字等级大纲》（1992）规定：甲级汉字 800 个，乙级汉字 804 个，丙级汉字 590＋11 个，丁级汉字 670＋30 个，共计 2905 个。可以据此编写教材，进行课堂教学和教学测试。至于是否要把 2905 个汉字再分成"复用式掌握"或者"领会式掌握"，这是可以而且应该研究的。

二、解析现代汉字的字形结构

现代汉字整字可分为独体字和合体字两种。"六书"中的象形字和指事字都是独体字，会意字和形声字都是合体字。现代汉字中的独体字多半来自古代象形字和指事字，前者如"人""手""水""火""日""月""禾""皿""井""虫""止""方"等，后者如"七""八""上""下""本""末"等。有些合体字是经简化后而进入独体字，如"龙""专""门""书""卫"等。现代汉字的合体字多数来自古代会意字和形声字，前者如"休""林""男""旅""盖""析"等，后者如"芽""理""简""案""沐""际"等。少数合体字来自古代象形字和指事字，前者如"燕""鱼""泉""阜"等，后者如"亦"等。（苏培成，1994）[70] 应该让学生知道，独体字既是常用汉字,又是构成合体字的部件,组字能力很强,必须牢牢记住。解析合体字可以理性地了解汉字的构造原理,领悟汉字的理据性,从而掌握记忆和书写汉字的诀窍。应该指出,在造字过程中,"有的字有理据,有的字没有理据,有的字有部分理据。有的在造的时候就没有理据,有的字本来有理据,在发展过程中失去理据。"(苏培成,1994)[81] 所以,应该特别强调,记忆汉字不能没有诀窍,也不能没有方法,但是最基本的方法只有一个字:记! 这一点应该向没有背诵习惯的欧美学生反复说明,反复强调。

三、剖析现代汉字的部件

部件也叫字根、字元、字素、字形,是汉字基本的结构单位。独体字只有一个部件,合体字有两个或两个以上部件。"地""和""对""好""动""园"等是两个部件,"想""娶""树""坐""渠""谢"是三个部件,"营""韶"等是四个部件,"燥""赢""膏"等是五个部件。部件与部件的组合是分层进行的,不是一次组合而成。如:"韶"的部件是"立""日""刀""口",这些可称为末级部件。末级部件一般都可以成为独体字。由此可见,剖析一个字的部件对于认知汉字的构造和正确地书写汉字都是很有帮助的。

四、讲授现代汉字的笔画

笔画是构造汉字的线条,是汉字构形的最小单位。现代汉语通用字中最小的汉字只有一画,如"一""乙"等,最多的是 36 画,如"齉"字。其他以 9 画字居多,10 画和 11 画次之。如果把提归入横,捺归入点,钩归入折,汉字基本笔形有五类:横,竖,撇,点,折。并有 26 个派生笔形。我们认为应该教会学生正确书写汉字的顺序,要求学生掌握汉字书写的基本笔顺:(1)先横后竖:十、干、丰;(2)先撇后捺:八、人、入;(3)先上后下:三、京、高;(4)先左后右:川、衍、做;(5)先外后内:月、勾、同;(6)先中间后两边:小、水、办;(7)先进去后关门:回、目、国。

教授汉字时,教师始终应该对学生严格要求,认真训练,反复默写,养成规范的书写习惯,这将让学生受益无穷。

五、遵循《汉语水平词汇与汉字等级大纲》

国家汉办 1992 年颁布的《汉语水平词汇与汉字等级大纲》不是一般的教学大纲，而是一种规范性的水平大纲。在对外汉语教学实施中需要另订汉字教学计划。母语的汉字教学与对外汉字教学存在着很大的不同：前者是学习者已会说汉语后再学汉字，其教学顺序是从字到词，学字难和学词易是对立的也是互补的；后者是学习者既不会汉语，也不识汉字，其教学顺序则相反，是从词到字，学汉字和学词是同步进行的。因此，绝大多数学校的对外汉语教材都是把汉语的词汇教学和汉字教学结合在一起，同步进行。笔者以为这是很好的方法，只是担心如果安排不妥，只注意词汇教学，就会影响学生对汉字的掌握。汉字教学的方法值得研究，要加强科学性和计划性，克服随意性和盲目性。

第一，应该制订汉字教学计划，把《汉语水平词汇与汉字等级大纲》所列的甲级字、乙级字、丙级字和丁级字具体化，也就是要制订一个怎样分别实现上述各级字目标的具体规划。具体要求是：列出一份汉字教学计划，列出汉字教学点，确定每一课应教的重点汉字，并将这些汉字醒目地印在课本的显著位置。就像约翰·德·法兰西斯（John de Francis）在他主编的《初级汉语读本》（汉字本）等教材中所做的那样，每一课都用方框列出一组汉字，放在课文的右上角，以供学生读写、记忆。教师应该采用各种有效的方法，帮助学生记住这些汉字。

第二，在这份汉字教学计划中，应该分层次地列出构字能力很强的独体字和常用合体字，精选例字，用现代汉字学的理论，精当地解析这些例字的字形（部件、笔画、笔形和笔顺）、构造（意符、声符、记号及其变体）和理据，以利学生认知和记忆。据我们统计，在甲级 800 个字中，有独体字 137 个，约占 5.7%。例如：八、白、百、半、办、包、本、必、不、布、才、长、厂、丁、车、成、大、单、当、刀、电、东、儿、二、发、反、方、飞、丰、夫、干、个、工、广、互、户、几、己、见、斤、火、九、开、口、乐、立、力、了、六、录、写、买、毛、么、门、米、母、内、年、牛、农、女、片、平、七、其、气、千、目、求、去、人、日、三、色、上、少、声、生、十、史、示、事、手、术、束、水、四、太、无、头、万、为、文、五、午、西、习、系、下、先、小、辛、羊、也、页、业、一、衣、己、以、义、永、尤、有、友、右、鱼、元、月、云、再、在、占、正、之、中、主、子、自、走、足、左。这些独体字，一般使用频率很高，构字能力也很强。比如，学会了"木"与"白"，就很容易理解"柏"，"木"是意符，"白"是声符，也容易理解"材""杆"等，因为这些独体字具有认知意义。在解释汉字字义时，不宜把一个字的所有义项一股脑儿全教给学生，因为他们领会不了。应该分层地进行，先教基本的常用义，再教派生义，用逐步积累、不断加深的方法，让学生最终掌握一个汉字的主要义项和基本用法。实践证明：解析汉字的部件及其意符和声符对于理解和记忆合体字是有效的方法。

第三，分析现代汉字的结构也是学习和记忆汉字的有效方法。统计表明，现代汉字的构成方法主要是形声字，约占90%，会意次之，象形极少。这跟《说文解字》相似：《说文解字》共收9353个小篆，其中形声字7967个，约占85%。所以，我们的教学重点应该放在形声字上面。由于语言的变化，现代汉语的形声字有三种情况：①狭义形声字，如"湖""榆""恼""疤""搬""苞""枫""陲""俘""荷""狮""铜""谓""锌""洲""株""砖""肤""护""惊""态""钟""桩""油""娶""驷"等；②广义形声字，如"江""河"；③半意符半记号字，如"缺""刻""蛇""霜""逃""醉""灿""础""灯""炉""拥"等。除狭义形声字外，学习者都需要特别记忆，避免字读半边的类推错误。从现代汉字学的观点来看，由于篆书隶化而楷，古代的象形字已变为独体记号字，如"日""月""山""水""手""心""子""女""弓""矢""刀""戈""户""舟"等，因此，如能适当做些溯源分析，有助于了解这些字符的含义，可能会激发起学生学习汉字的兴趣，但不宜离题万里。我们不赞成在讲现代汉字时，过分渲染汉字的象形特征，因为这不是现代汉字的本质，也不符合事实，即使在《说文解字》中也只有象形字364个，仅占3.8%。在教学中，偶尔也可采用"戏说汉字"的办法，使人一笑也是效果，但是不能成为析字的主要方法。因为它既不能揭示汉字的构造规律，也无助于理性地认知汉字、记忆汉字。

第四，对比结构异同，区别易淆之字。汉语是一个庞大的字符集。汉字是语素文字，不同的汉字表示不同的语素，不同语素则用不同的汉字来区别。汉字的方块形体限制了汉字的构造，一个汉字与另一个汉字只能靠部件、笔画、横竖、长短、位置等来加以区别，这就给汉字造成纷繁复杂的局面，初学者常常不易分辨。从字形方面分析，常见易混淆的情况有：多横少点，如亨/享，兔/免；上长下短，如未/末，士/土；左同右异，如扰/拢，伧/伦；左异右同，如课/棵/裸；上同下异，如暮/幕，简/筒；下同上异，如籍/藉；外同内异，如遣/遗，圆/圜；左右相同，中间有别，如辨/辩/瓣。从字义方面分析，因理据和用法而引起的混淆有：字义理解不准，如（国）事/（国）是，很/狠；用法分辨不清，如作（法）/做（法），分（子）/份（子），等等。从书写方面分析，容易出错的是：笔画增损，笔形失准，笔顺颠倒，部件易位，偏旁窜乱，间架不匀，以及由于形似、音近或义近导致的错别字。（石定果，1997）经验表明，当学生已经学过一些汉字，在认读或书写时出现混淆或错误时，教师如能进行结构、字义和用法方面的对比，是非常有效的方法。

　　总之，对外汉字教学，对于外国学生学习汉语和书写汉字都至关重要。应该重视对外汉字教学，编制一份对外汉字教学大纲，详列汉字教学点；应该讲究汉字教学方法；应该编写一套能够配合《汉语水平词汇与汉字等级大纲》的教材。这应该成为完善对外汉语教学的一大目标。

第三节　教学方法

　　汉字，是中华民族的一个伟大创造，它把字形同字义直接或间接地结合起来，书写时以形表意，认读时见形知义。汉字有笔画、部件、整字三个层次，汉字教学应从笔画、笔顺、部件和间架结构四个方面进行教学。笔画是构成汉字形体的最小单位，是学习书写汉字的基础，掌握汉字的基本笔画，要求能说出其名称，能书空。笔顺是指汉字笔画的走向和书写规则，正确掌握笔顺不仅是书写汉字的基本修养，而且更有利于记忆，使书写速度更快。部件是指由笔画构成的具有组配汉字功能的构字单位。由于构成常用汉字的部件有较高的称谓性，有利于识记汉字，因此掌握部件是认读和书写汉字的关键，也是汉字教学的重点。间架结构是指汉字的结构方式、部件的摆布方式及组合的规律。应让学生记住合体字的各种结构方式，例如上下结构、左右结构、各种包围结构等，引导学生书写时注意各个偏旁、部首及其他部件所占的位置及其大小、宽窄、长短。我们要充分利用汉字笔画、笔顺、部件和间架结构四个方面的特点，使学生认识到汉字独特的构造特点，才能更好地做好汉字教学。

一、了解汉字发展、演变的特点

汉字是最古老的自源文字之一，也是唯一从古到今一直沿用的文字，它是汉字的记录符号，蕴含着丰富的中华文化。关于汉字的起源有"结绳记事""书契""仓颉造字"等说法，《周易·系辞下》："古者包牺氏之王天下也，仰则观象于天，俯则观法于地，观鸟兽之文，与地之宜，近取诸身，远取诸物，于是始作八卦，以通神明之德，以类万物之情。"从中可以看出汉字起源于原始刻画，后来由于社会生产力的提高，人们的智慧也逐渐被挖掘，为了应付较为繁杂的事务，人们就把一些事刻画在龟背或兽骨上，形成最早的象形文字，而后又经过漫长的时间，图形线条化，字形简化，由象形变为不象形，就形成了成熟的文字体系。汉字经过几千年的发展、演变，字字有文化，字字有故事，无论什么人，想要学习汉语，想要了解中国文化，都很有必要学习汉字。

汉字大体经历了甲骨文、金文、大篆、小篆、隶书、楷书、草书、行书的演变过程，字形逐渐趋于整齐方正，粗笔变细，方形、圆形的团块为线条代替，曲折象形的线条被拉平，不相连的线条连成一笔。尤其汉字由篆书向隶书演变过程中，打破了篆书中的图画意味，使汉字彻底革除了象形性，这是汉字发展史上最重要的一次变革，是古今文字的分水岭。

二、学好汉语拼音，读准字音

汉字有着悠久的历史，是世界上最发达的文字之一，汉字的形、音、义之间原本存在一定的理据，但汉字和音节之间并不是一一对应的，一个音节往往对应多个汉字(同音字)，有的汉字也可能对应多个音节(多音字)，因而给汉字学习带来了一定的困难。《汉语拼音方案》是采用国际通用的拉丁字母、音素化的音节结构拼写方式，以北京语音为标准音的记录普通话的一种记音符号。汉语拼音是识字、学习普通话的工具，是学习汉语的基础。教师在字音教学的过程中，要充分利用汉语拼音这一工具提高识字效率；在和学生的接触交谈中，要始终用标准的普通话跟学生交流，来巩固学习的成果，并为以后的教学内容做铺垫。汉语拼音就是学习者学习汉语时的"拐杖"，不仅初级阶段要用好"它"，而且要能在汉语能力提高到一定水平时丢掉"它"。

三、注意汉字字形学习的顺序和步骤

汉字教学一般遵循先认读、后书写，先教独体字、后教合体字，由易到难、由简到繁的顺序和步骤。教师首先用规范的田字格黑板教学生练基本笔画，学生跟着教师一笔一笔地按笔顺书写，练习汉字的方法有描写、临写、抄写、根据拼音写、用汉字组词写等。汉字教学过程中要注意对比分析。一是笔画对比，包括竖撇和竖，竖钩和竖提，笔画之间的相连、相交、相离的不同位置关系；二是笔顺对比，包括撇和捺，点的先后；三是部件对比，如"九"与"几""儿"，"木"与"禾""才"等；四是独体形近字的结构比较，如"日"与"曰"，"士"与"土"。

教学环节中教师应下来巡视，注意学生的握笔姿势、书写方向，课上要有听写练习，课下也要布置一定量的书写练习，教师应认真批改及时总结。教师还有必要对学过的部件及时归纳总结，尽量做一些用字组词的练习，帮助学生逐渐学会通过字义理解词义。同时应教授一定的汉字演变和结构规律的知识，帮助学生先从整体上把握汉字，让他们尽快找到对汉字的感觉，建立对文字的概念。对象形字、指事字、会意字和形声字的教学，可根据学生的理解能力适当做些说明，帮助其理解记忆。

要帮助学生区分同音字的不同字义，对区别性小、容易混淆的字要做对比练习，重视对汉字整体的认读和识记，加强理解。要尽可能利用汉字的表意和表音功能，加深学生对汉字的理解，不能死记硬背。对汉字字义的解释应以传统的字源学、"六书"理论为依据，至少不应与之相违背，避免牵强附会，为了活跃气氛，偶尔编些小故事，发挥想象来解说也是可以的。

四、根据汉字的理据性进行字义、文化教学

文字是文化的产物，是文化的一部分，又服务于文化，能促进文化的发展。汉字作为自源文字，是中华民族的祖先在长期的社会实践中创造出来的，它是中华文化的产物。同时，它又服务于中华文化，对促进中华文化的发展起到了巨大的作用。汉字字形凝固了有关事物在造字时代的客观真实形象或主观虚幻形象，汉字的理据教学法是指将汉字字源理据思想应用于汉字教学中。理据教学法可以加深学生对汉字的理解，从而让他们进一步掌握字义和用法。比如"新闻"的"闻"，因为"闻"原是指"耳"贴在"门"上听的意思，后来才发展为用鼻子嗅的意思；再如区别"材"和"财"，显然"材"和木头有关，而"财"和钱财有关，这样学生就能理解"木材、钢材、材料"以及"财产、财富"，同时也能正确区分和使用这两个字了。汉字以表意为主，分析汉字一定要着重其形，另一方面要利用汉字的表意功能识记汉字。

汉字理据教学法能为课堂教学增添生动性、形象性及趣味性，能不断吸引学生的注意力，提高他们的学习兴趣，从而达到活跃课堂气氛、提高教学质量的目的。字词教学紧密结合，充分利用汉字极强的组词能力，采取"以字解词""由词析字"的方法培养学生"望字猜义"。艾宾浩斯的实验可以说明这个问题：识记12个无意义的音节需要重复165次才能重现，而识记包含480个音节的六节诗，只重复不到8次就基本能成诵。（朱纯，1994）

不仅如此，汉字的理据性在文化导入上也能发挥不小的作用。语言使用者结合自己对客观世界的认识在自己的语言系统基础上创造文字，因而可以说汉字的理据本身就是文化，它体现了一个民族的造字心理、思维方式、风俗习惯及其历史演变。学生在学习汉字的过程中也习得了中华文化，思维方式也潜移默化地受到影响。通常我们认为，在理解、接受一种文化的前提下，学习这种文化的语言的速度要比那种对文化一无所知或知之甚少的学习速度快得多。（刘伟乾，2010）首先，语言教学总要牵涉到教学语言的问题，教学方法自然也不例外。如果是用学生的母语授课，理据教学法可能遇到的障碍就少得多，成效也非常明显，这就如同中国学生学习英

语，用汉语解释英语的理据，学生自然是一目了然，很容易明白。所以，运用理据教学法必须考虑到学生的汉语水平处在什么阶段上，以及此时学习的汉字有何特点，怎样运用理据进行教学，等等。

总而言之，汉字教学是有规律可循的，也必须遵循规律，否则是要走弯路的。汉字教学又是需要不断创新、不断发展的。别人的经验可以借鉴，而新的方法，则需要我们自己去发现和运用。让我们一起努力，开拓汉字教学的未来。

第四节　面向中亚留学生的汉字教学

一、教学方法

影响中亚学生学习汉字效率和质量的因素多种多样。作为汉语教师，我们很少能够去影响、改变学生的智力因素，但我们可以引导、帮助学生更多地运用汉字学习的策略和技巧，鼓励学生采取积极有效的学习策略和方法进行汉字学习。

第一，调查发现，中亚学生在汉字、归纳、复习等策略上存在着很大的差异。归纳、应用和复习策略是留学生学习汉字最有效的策略，这三种策略均为中亚留学生最不擅长的策略。（范祖奎，2009）作为汉语教师，首先要培养学生归纳汉字类别的能力，同时引导中亚学生形成良好的应用汉字和复习汉字的习惯，以便更好地记忆汉字。在课堂上，教师主要讲解汉字的意义和用法，而大量的语言实践和反复记忆，还需要学生利用课余时间自主完成。

第二，汉语教师应准确掌握汉字结构方面的知识，具有归纳、分析学生汉字偏误规律的能力，熟知学生运用汉字学习的策略。只有这样，教师才能充分利用汉字结构的特点（拓扑结构）、字源等方法引导学生学习汉字，并通过对学生汉字学习策略的研究，了解汉字学习的特点，为对外汉语教学提供切实可行的对策。（范祖奎，2009）

第三，在整个教学过程中应加强汉字结构教学。数据显示，学生在书写方面常常不知如何下手，对汉字结构感到困惑，如何结合汉字的字源、笔顺、结构进行教学值得我们思考。作为汉语教师，我们还要根据不同国别学生学习汉字的策略、特点及偏误类型，找出真正影响中亚留学生汉字学习的原因。

第四，中亚地区不同国别的学生在对汉字学习策略、汉字偏误、汉字结构特点等知识的掌握上还存在着较大的差异。在汉字教学中教师要因材施教，特别重视对汉字结构特点的讲授，如形声字、声符和意符及字族理论等方法的运用，以便学生更好地学习和记忆汉字。

第五，引导学生制定元认知策略来调节、管理自己的汉字学习活动。制定汉字学习计划，建立切实可行的监督体系，构建具有可操作性的自我评价机制，提高学生自我认知能力，进而有效地控制自我学习行为。

二、教学内容

（一）笔画偏误类型

新疆师范大学 2010 级共有 47 名中亚留学生，其中哈萨克斯坦留学生 18 名，吉尔吉斯斯坦留学生 17 名，塔吉克斯坦留学生 10 名，乌兹别克斯坦留学生 2 名。他们学习汉语的时间为 2～3 年，汉语水平为中级。笔者收集了这 47 名中亚留学生近一年的听写练习、课后作业以及各种考试试卷，从中分析出 269 个汉字笔画方面的字形偏误。在前人研究的基础上，我们将这 269 个汉字笔画方面的字形偏误分为五个类型：笔画变形偏误、笔画增减的偏误、笔画组合关系偏误、笔画误断误连、自造笔画。

为了更好地呈现中亚留学生在汉字笔画偏误方面的情况，我们对 269 个笔画偏误字形的类型与所占比例进行了统计和分析，结果如表 5-1 所示。

表 5-1　中亚留学生汉字偏误表

笔画偏误类型	笔画变形偏误	笔画增减的偏误	笔画组合关系偏误	笔画误断误连	自造笔画
错误字形数	76	84	67	22	20
百分比/%	28.25	31.23	24.91	8.18	7.43

1. 笔画变形偏误。中亚留学生所使用的文字是拼音文字，学习汉字这种表意文字就更加困难了。笔画上的各种组合及细微的差别都会对他们的学习和记忆造成障碍，所以中亚留学生在学习过程中经常将不同的汉字笔画混淆。

表 5-2　中亚留学生汉字笔形偏误表

笔形偏误类型	点笔画的偏误	将提写成"√"	斜钩、捺与竖弯钩相混淆
错误字形数	31	26	19
百分比/%	40.79	34.21	25

点笔画的偏误。中亚留学生对汉字中的点和撇经常混淆，分不清其走向，如：高—高、音—音、家—家、谢—谢、鸡—鸡。这些字有的上方的点被误写成了撇，也有撇被误写成了点，这些点都处于整字或者部件的起点，字形上也与撇十分相近，所以留学生在学习的过程中没有详细了解，导致了偏误的发生。

另外有一种情况是由于留学生对笔画不熟悉，在写点笔时经常弄不清笔向，写点时会写成反方向，如：冬—冬、尽—尽、寒—寒、终—终。还有的将点写成一个短横，如：心—心、示—示、少—少、东—东。

将提写成"√"。提笔在基本笔形中是唯一一个由下向上书写的笔形。它在外形上和撇十分接近，并且学习俄语的留学生的字母文字中很多字母都是由下向上书写的，因此留学生将这一笔形写成撇的情况较少，而是容易在书写的过程中写成"√"。例如：冰—冰、没—没、海—海、洋—洋、浅—浅、汗—汗、汉—汉、汽—汽、减—减、渐—渐。

斜钩、捺与竖弯钩相混淆。这三个笔形在外形上也是十分相似。捺是基本笔形，斜钩和竖弯钩是复合笔形，是由基本笔形构成的。留学生在学习的过程中，经常会搞不清楚何时要加钩，何时不加钩，加上许多笔画在同一位置有不同写法，更容易造成混淆，例如：心—心、晚—晚、换—换、免—免、先—先、必—必、气—气、顽—顽、现—现。

中亚留学生对汉字笔形的区别特征不够敏感，常常会混淆相似的笔形。竖和撇、点和短横、点和撇、撇和横，他们觉得形状上非常相似，书写时不会细究，混写混用非常普遍，以致形成错别字。另外，汉字中存在大量的形似字也为留学生识记笔形带来困难。因此我们在教学的过程中要注意规律的总结，使留学生从基础上得到巩固，尽量减少偏误现象的发生。

2. 笔画增减的偏误。在我们所分析的字例中，关于笔画数目的偏误约占全部偏误类型的三分之一。笔画数目偏误是比较常见的汉字笔画偏误类型，通常人们说到的笔画数目偏误包括增笔错误、减笔错误。笔画增损偏误最多的为横笔，其次为点笔、撇笔、竖笔，提笔和捺笔最少。横笔增损偏误最多不难理解，因为现代汉字横笔笔形出现频率最高，一个字里面往往会出现多个横笔，当学习者对多个横笔汉字的结构形象的认知不够透彻时，就有可能丢三落四或者画蛇添足，导致横笔误增或误减。中级汉语水平的留学生增减笔偏误总量比起初级阶段减少较多，减笔偏误的比例为四分之三，增笔偏误的比例约为三分之一。中亚留学生在经过一段时间的汉语学习后，增加或减少笔画的总偏误数量在逐渐减少。其中，减笔偏误比例呈下降趋势，增笔偏误比例呈上升趋势，笔画数目的增加，如鸭—鸭、式—式、试—试、热—热、九—九，笔画数目的减少，如真—真、流—流、列—列、进—进。

3. 笔画组合关系偏误。由于在中亚的字母文字里，对于文字的笔画之间的交接、长短、上下、里外的区分都没有很清楚，即便有，也没有很大的影响。这就造成他们在写汉字的时候，对这些现象也不是非常重视。对于笔画关系之间的相交、相离或是相接，上下两笔的长短关系，里外的封口或者不封口的关系，都有非常多的偏误。这些偏误在留学生学习的初级阶段也会常常出现，这说明这种笔画组合的偏误比较顽固，不容易纠正。在初级阶段，横笔的偏误比较普遍，例如"信""睡"，横笔的长短经常出现偏误，而到中级阶段以后，这种现象出现的就比较少了，留学生更多的偏误出现在点笔上。如：忙—忙、热—热、炼—炼、没—没、活—活。这些字中，点笔都偏离了自己本来的位置，与本来相交或相接的笔画距离拉远。另有一类点笔的相对位置关系改变，这在初级阶段也曾出现，即在"活""没""茫""消"等字中的"三点水"部件中，两点上下排列变成了左右并排，这在中级阶段再次出现。在中级阶段，还有留学生将"终"内的两点左右并排。这说明无论是初级阶段还是中级阶段，单个点笔与相近笔画的关系，以及多个点笔之间相对位置关系，依然是困扰中亚留学生的问题。

4. 笔画误断误连的偏误。笔画误断误连是指一字中不同笔画靠近而被连写或一个笔画被断开书写，此类偏误在初级阶段和中级阶段中亚留学生中都出现了。笔画误断会增加笔画数，笔画误连则会减少笔画数。笔画的误连一般不改变整字的字形，笔画误断会使整字看上去不紧凑，呈拼接状态，破坏整体感，有的还会改变整字的结构。例如：出—凸、重—重、找—找、爽—爽、表—表、套—套、制—制。

从这些偏误中，可以看出，笔画误断后形成的部件有很多都是他们熟悉的，如：出—凸—山、山，棵—棵—木、田、木，本—本—大、十，重—重—千、日、土。这些现象说明留学生已经意识到了部件的组字能力，能够记忆独体字，善于拆分自己熟悉的部件，而在拆分的过程中产生了偏误。这反映出留学生在学习的过程中对笔顺的认识出现了问题。

5. 自造笔画。除以上四种笔形的偏误之外，还有一些笔形偏误属于留学生自造笔画。比如将竹字头写成两个拉丁字母 K，如：笑—笑、笔—笔、笨—笨；将"口"写成一个圆圈，如：哭—哭、可—可、句—句；将耳朵旁写成希腊字母 β 或拉丁字母 P，如：邻—邻、队—队、邮—邮，等等。

（二）笔画教学内容

来自中亚的留学生在认知、情感、民族性格方面有着许多共同的特点。调查发现，中亚留学生在汉字书写方面，尤其是汉字笔画方面出现的偏误现象与欧美、韩日留学生有一定的不同，包括偏误表现、偏误产生的原因等。（刘伟乾 等，2015）[76]探求中亚留学生习得汉字过程中笔画方面的一般规律和特殊情况，可以为我们在针对中亚留学生的汉语教学、课程设置、授课方法以及教材编写等方面提供参考，从而使我们的对外汉字教学更有针对性和预见性，更好地为对外汉语教学服务。

培养中亚留学生的字感，引导他们利用部件合理、高效地分解整字和记忆字形，避免因不能记忆整字中琐细的笔画而造成的笔画增减偏误。对中亚留学生展开系统的笔画教学，抓住笔形、笔顺、笔画数、笔画组合关系四方面重点展开，安排充足的课时量和课后作业，让他们扎实掌握笔画。（刘伟乾 等，2015）[77]

汉字教学大多随文识字，没有单独开设专门的汉字课，中亚留学生还未学习笔画便直接进入课文中的生词学习。课时的限制使教师无暇讲解字形，学生便照猫画虎，一笔一画地摹写，习惯将汉字分解成笔画来记忆。课程设置中缺少汉字课，则正字法方面的知识始终未系统讲授，中亚留学生大多并不知道何谓部件及部件的性质、特点，也就难以将汉字有意分解成部件来记忆。在笔画偏误中，各阶段笔画增减偏误最常出现，其次是笔画组合偏误和笔画变形偏误。笔画最多的汉字有36画，部件最多的汉字只有8个部件，由笔画来记住整字比由部件来记忆困难得多。教师应该在课上示范部件的层层拆分和组合，有意引导学生运用整字中的部件记住字形，因为部件已经是笔画合理组合的"成品"，甚至还是留学生已经习得的汉字。这样就会减少留学生记忆逐个笔形及笔画组合的负担。留学生在书写由已经习得的部件组合成的汉字时，只要逐个部件和组合方式书写正确，整字的书写便水到渠成。认知汉字的单位由笔画改成了部件，增减笔画的偏误也会相应减少。教师采用"找字中字""拆字组字"这类游戏来培养留学生部件意识，熟悉部件组合的不同层次。教师还可以采用"错字改正"（改正增减笔画的错字）、"数笔画数"等方式使留学生注意到隐蔽的笔画，布置相应的汉字作业，巩固学生对字形的记忆。对初级阶段的中亚留学生，要扎实打好汉字书写的基础——笔画。首先，教师应该循序渐进地教授笔形，先教基本笔形，即点、横、竖、撇、捺、提六类，再教25类由基本笔形组成的派生笔形。教师应该讲清各个笔画的走向，如提笔应该从左下向右上写，撇笔应该从右上向左下写，这样有助于留学生掌握正确笔顺，便于他们流畅和熟练书写汉字，同时，也能区别形似的笔画。派生笔形数量较多，基本都是折笔，笔画走向变化很大，弯折度不同，需要教师作为难点教授。随着学习阶段升高，笔画层面的偏误呈明显减少趋势，而部件层面的偏误有略微增加的趋势。中级阶段笔画变形和笔画组合偏误比初级阶段分别下降1.85%和4.88%，笔画增减偏误比初级阶段上升1.58%。

　　一个汉字，不论它的字形结构复杂与否，不管它的笔画多还是少，都书写在一定的方格中。不管写得大还是小，笔画、部件的组合位置、比例关系都是相对固定的。汉字书写笔顺一般为先上后下，从左往右，先中间后两边。而中亚留学生的母语，在书写方面都是斯拉夫字母，属于表音文字。这些文字的字形结构是从左到右单向线性排列，无严格意义上的笔顺走笔要求，认读和书写都较为方便。因此，多数的中亚留学生在学习具有表音、表意、表形功能的汉字时都需要一个长期的心理适应过程，在书写过程中难免会出现笔画方面的错误。绝大部分中亚留学生对汉字的基本结构与特征没有感性认识，几乎没有任何汉字结构方面的心理图式。同时，汉字拥有平面构造、字形复杂、蕴含深意的特点，同音字、同形字、形近字大量存在，这更让中亚留学生难以入手。他们在书写过程中只能是照葫芦画瓢，很多时候不自觉地受到母语负迁移的影响，将汉字的锋度写成字母文字的弧度，从而出现了类似笔画变形、笔画引入等这样的偏误现象。

　　来自中亚的留学生对汉语学习普遍存在重听说、轻读写的现象，更使他们不重视汉字的笔画笔顺。在他们以前其他语言的学习过程中，基本上都不会有执笔用手、书写姿势、纸张摆放的要求。在他们的意识里，在书写汉字时，能把这个汉字写出来就行了，至于过程是怎么样的，书写的笔画或者笔顺是不是正确，都不对最后的结果造成影响。这种心理造成了他们写字时倒笔画现象非常严重，别字、错字层出不穷。所以在汉语学习的初级阶段就应该重视培养学生正确的汉字书写习惯、规范的笔画顺序，这样才能防微杜渐，更好地加强学生的汉字书写能力，提高学生学习汉语的效率。经调查发现，新疆的各大高校与中小学校及培训机构所使用的面向留学生的汉语教材都不大一样，留学生使用的教材门类繁多，听、说、读、写各个层面都非常杂，没有专门的针对中亚留学生的汉语学习教材。（刘伟乾　等，2015）[79] 同时，因汉字本身的特点与规律，汉语教材编写时的选字谋篇难度较高，现用教材大都缺乏专门的汉字书写与汉字笔画操练内容。对中亚留学生来说，一直存在汉语教材不够系统、针对性也不强、难度比较大等问题，导致学生学起来吃力，挫伤了学生记忆和书写汉字的积极性。中亚留学生大多具有活泼、外向的特点，在学习汉语的过程中既不等同于长期接受灌溉输入式教学的中国学生，也与其他非斯拉夫文字的留学生不一样。调查可知，在汉字教授之初，大多数教师的教学方法都是纯输入式，并且不断地重复听写、重复记忆，他们不注重笔画的结构、笔画的顺序以及汉字整体的结构。留学生在认识汉字的字形时本来就存在偏误，而许多老师自己写的字经常会出现字迹不清、结构偏差、笔画潦草等现象，这就无形中给留学生造成误导，从而产生了一些不必要的偏误，不利于留学生从笔画结构上去记忆汉字。课堂上严于律己，规范用字，给留学生起示范和表率作用，是对一名汉语教师最起码的职业要求。在笔画的教学过程当中，我们应注重每一个细节，对每一个笔画、笔画结构的关系、笔画的写法都应有系统的教授。

（三）部件教学内容

改变只重视字形教学的情况，结合语境建立汉字形、音、义相连接的三维教学，初级阶段开始形近字教学（董芳芳，2010）[58]，中级阶段大力增加同音字教学，开展声符、形符等部件教学，以减少在中级阶段逐渐增多的同音别字偏误。由于中亚留学生的别字偏误率远高于错字偏误率，所以教师不仅要教学生正确书写汉字，也应该从初级阶段开始就教留学生如何正确使用汉字。这需要教师不再只是注重汉字字形的操练，例如布置机械抄写汉字的作业，而是要帮助留学生建立起汉字字形、字音、字义之间正确的对应关系。教师要使留学生明白任何笔画的大小、数量、粗细、距离上的变化都以保持笔画和部件的种类、数量及其相对位置和结构类型的基本稳定为前提。中亚留学生的偏误字中，出现了将"这"字写成左右结构的偏误，而按照汉字的正字法，"辶"是不能在字符的左边做偏旁的，还有学生将"她"字中的"也"换成"亻"，而"亻"不能出现在字符的右边。教师应该将正字法知识融入汉字教学中。

教师要扩大留学生的阅读量，并且归纳部分部件表示的意义类属，使留学生通过记忆典型例字，记住例字中部件的意义类属，如记住"脸"和"眼"，便会了解"月"与"目"的意义类属，可以避免像"月—目"这样的部件替换偏误。中级阶段部件替换偏误比初级阶段增多。这表明当所学部件量增多时，更容易出现部件替换偏误。所以，区分形似部件在中级阶段尤其重要，教学中要注意。

在中亚留学生的部件层面偏误中，部件组合偏误仅次于部件替换偏误，比例居第二位。部件组合松散、部件调换位置、部件组合结构改变是中亚留学生部件组合偏误的三种形式。部件组合松散和部件组合结构改变是由于留学生不熟悉汉字方块形状的形态特点和部件布局图式。部件调换位置是因为不了解汉字部件的组合样式。教师应从初级阶段开始讲授部件的布局图式、组合样式、构意功能及汉字字符的拓扑性质。这些都是汉字理据性教学的有机组成部分，在留学生接触汉字初期应该及早强调。教师应该讲授汉字部件的两种组合类型：平面结构和层次结构。让留学生明白汉字中不同部件可能处于不同层次，不在同一层次的部件间不发生任何关系。这样，留学生就不太可能将"喂"字写成上下结构，而改变部件组合结构。教师要结合例字教授中亚留学生汉字首层结构类型：左右结构、上下结构、右上包围结构、左上包围结构、左下包围结构、上三包围结构、下三包围结构、左三包围结构、全包围结构、框架结构、左中右结构、上中下结构、独体结构。教师应该同时讲清楚在书写包围结构时内部与外部的相对位置，以及书写上下结构时上部与下部的比例关系，避免留学生将汉字写得上大下小、内大外小，缺少规范和美感。教师可以结合汉字的结构图形讲授汉字结构，可采取以下三个步骤：字图同出、析字画图、由图归字。这样，有助于留学生建立明确的方块汉字意识和部件有机组合的观念，从而自觉地分析结构以记忆汉字，有机地组合以书写汉字。中亚留学生常常容易增减和替换部件，部件自身构意的特点并未被他们重视和利用。"汉字构形的最大特点是它要根据所表达的意义来构形，因此，汉字的形体总是携带着可供分析的意义信息。"（王宁，2002）[21] 教师应该从部件表形、表义、示音、标示四种类型讲授汉字部件承担的构意类别。留学生理解了各个部件在汉字中的构意功能，也就理解了每个部件的不可或缺性和不可替代性。例如，中亚留学生的别字中出现了"忧—优"，而学生若掌握了"忄"的表意功能和"尤"的示音功能，也就不会将"忧"写成"优"，或写成"怀"。汉字的拓扑性质是指汉字的书写单位与结构元素组合在一起的协调关系，是汉字符号所具有的一种自然属性。它主要表现在不变特征与可变特征两个方面。（崔岑岑 等，2008）

　　在中亚留学生的形音别字中，相比于声符，更多的形声字因为增减形符成为别字。初、中级阶段中亚留学生对形符在汉字中的作用认识远不及声符，教师应该利用形符示意的特点帮助留学生理解字义和记忆字形。形符等级集中在初等，高表义能力和高构字能力集中在部分常见形旁身上。形符集中在中亚留学生在学习初等形声字的形符后，学习中高等形声字具有一定熟悉度。那些同时具有高表义能力和高构字能力的形旁，学习起来有较强的规律。初级阶段应该重点选择高表义能力和高构字能力的形旁教授，例如：扌、氵、亻、忄、讠、纟、辶、艹、木、土、月、贝、女、火、日、足、禾、钅、刂、疒、竹、阝、礻等等。这些形旁的构字数大于 20，并且表义度大于或等于 70%。

　　教师要由易到难讲解形符，用演绎法展示一组留学生熟悉的同形符字，分析各字字义，归纳这组字义中相关或共同之处，揭示形符的意义类属。例如："氵"表示与水或液体相关的事物、性质或动作行为，如：淡、液、洞、洗、洁、浊等；"忄"表示心理活动、情感或心智等方面的意义，如：懂、愤、感、怪、忽、恨等。教师应该将这些常用形符的意义类属、例字、名称写成表格，类似于数学中的公式，贴在教室，让留学生可以不断复习和使用。教师在教授一个形符后，就可以展开以这个形符为中心的字族教学，如教师讲授了"扌"后，可以在一段时间内反复教授含有"扌"的汉字。当然，这些汉字本身应该适合留学生的水平，如对初、中级中亚留学生讲授初等形声字中带有"扌"的汉字包括按、抱、打、扮、把、抄、掉、拔、拉、扑、扣、指等。通过字族教学，留学生能充分理解形符的意义类属，养成归纳记忆同形符汉字的学习习惯，利用形与义间的逻辑关系巧妙记忆汉字。

　　在中亚留学生的各种汉字偏误中，部件替换偏误数量最多，比例最高。被替换的部件与替换部件在形态上或位置上多有相似之处，如：日—目、氵—冫、亻—彳、灬—心（位置都可在下）等等。（范祖奎 等，2010）[76]部件替换偏误随着学习阶段升高而呈增加趋势。中亚留学生容易因为两个部件出现在汉字结构中的同一位置，或者两个部件形态近似而混淆彼此。教师应该在初级阶段的教学中就注意到形似部件的对比区分问题。教师要对先后出现的新部件有一定敏感度，对比它和以前所学部件的相似点，预测是否能够给留学生造成混淆，然后从书写差异及表意差异上区分。书写差异可以通过摹写、描红、部件配对游戏来加强认识。表意差异需要留学生积累一定的汉字量。

　　中亚留学生书写的笔画组合偏误比例大于笔画变形偏误，所以教师也应该教授笔画组合关系。教师在笔形教学后可以展开笔画组合的教学，结合例字分析和板书示范来讲笔画相接、相离、相交的三种关系，以及一字中出现多个相同笔形时，这些笔形长短比例的差异。由于初、中级阶段笔画增减偏误在笔画偏误中比例最高，教师也应该加强笔顺和笔画数教学。

笔顺的规律性很强，教师可以兼用演绎法和归纳法来讲解笔顺书写规律，当然，教师自身首先要能正确书写笔顺。教师先通过板书或汉字学习软件，帮留学生建立对笔顺的初步理解，然后结合汉字的结构归纳笔顺的规律，再让留学生说汉字，教师在黑板上演绎这些汉字的笔顺。中亚留学生的作业中有部分按笔顺分步书写汉字的作业，这虽然对记忆笔顺有效果，但是较为枯燥，学生并不喜欢。教师应该利用多媒体和游戏来吸引学生学习笔顺，如"十全十美"游戏，六个学生，三人一组，每个学生说出某个汉字中的一个笔画，三个学生所说笔画的笔顺相加为十，则先为十的一组获胜。教师在教留学生笔顺的同时，也应该特别讲授派生笔形的笔顺特点，即派生笔形是一组基本笔形的连接组合，每个派生笔形只能算一笔。这样，留学生就能正确判断笔画数，不会主观臆断，将派生笔形分解成多笔，以至造成笔画增减和笔画误断误连的偏误。

（四）汉字形、音、义的教学内容

对形声字重点教学，教授形符、声符表音示意的功能。初级阶段加强形符教学，要使留学生掌握其表示的意类，围绕相同形符展开字族教学。对于相似部件，从书写差异及表意差异上区分，这在中级阶段尤其重要。从初级阶段开始讲授部件的布局图式、构意功能，及汉字字符的拓扑性质和正字法。（董芳芳，2010）[57]《汉语水平词汇与汉字等级大纲》中的2905个汉字中，有1920个形声字，占66.1%，这类汉字具有较强的表音和示意特点，使拼音文字背景的中亚留学生较易掌握，而且比重大，教师教会形声字的特点后，留学生学习时会事半功倍。初、中级阶段中亚留学生的形音别字大部分都是形声字。所以，在初、中级阶段，要将形声字作为重点进行教学。形声字教学关键在于教授形符、声符的功能，使留学生能利用形符和声符巧妙认读、记忆形声字。《汉语水平词汇与汉字等级大纲》中的汉字，声符和整字声韵全同被称作规则字，占37.2%，仅声母或韵母相同为不规则字，占42.5%。教学中应该结合规则字讲解声符的表音功能，同时也要讲明声符表音有三种形式：表声母、表韵母、表声韵母。形声字存在着一致性效应，如果由同一声旁构成的所有形声字读音都相同，则这些字称为一致字，如以"析"为声旁的"晰""淅""蜥"。

教师最好采用先分后合的方法，利用笔形新名称来教派生笔形。这样由浅入深，通过旧知识带动新知识的学习，可以化难为易，然后结合"文中寻宝"（在给定文本中找出带有所学派生笔形的汉字）、"加笔组字"（在给定派生笔形上加定量或不定量的笔画组成汉字）等游戏及大量作业巩固笔形的写法。教师要把笔形教学当作汉字学习的基础之基或首门之钥，分配充足的课时。教师可以将单个的汉字置于词语、对话、短文中，例如，朗读课文、听写单词等活动有助于建立字形和字音的关联，背诵课文、分角色对话这些环节有助于留学生建立字音和字义之间的关联，还有短文填空、形近字组词、填空组词等方式都会提供很好的语境，有利于记忆字义和区别形近字。中亚留学生的作业中频繁出现机械的单个汉字抄写，有时首位汉字写错，则后面照错写错。我们建议减少单纯抄写汉字的作业，增加带有语境的练习和作业，尤其是增加形近字组词的练习。因为我们发现，中亚留学生受到相似字形的干扰大于相似字音，形近别字在各阶段的比例都远高于音近别字的比例，所以区别形近字的形、音、义对于中亚留学生减少别字尤为重要。

中亚留学生形近别字多是由于部件层面的错误所致，例如，部件增减和部件替换。部件增减的别字有一个共同的部件，这个相同的部件书写时往往被保留下来，另一个担当意符的部件却常常被增减。我们认为由于中亚留学生缺乏部件方面的知识，如意符、声符的功能、特点等，就无法充分重视及理解这些部件的特殊作用，所以由增减部件而引起别字偏误。据此，我们提倡改变目前对中亚留学生的汉语教学中随文识字、不设汉字课的教学状态，提倡开设短期集中的汉字课，引入汉字基本常识的讲授，如笔画、部件、组合结构、形符、声符、造字法等类知识，使学生对汉字有比较系统的认知。部件、声符、形符的教学还可以通过游戏或练习的方式贯串于汉字学习的整个过程。例如，可以组织一些游戏，像"拼字扑克""部件拼字""偏旁部首搭配""拆部首组新字""拆字组字"等等。这些游戏既符合中亚留学生活泼外向、爱好活动的性格特点，增加了课堂的生动性和趣味性，又能够帮助留学生建立部件模块意识，轻松记忆部件之间互相组合的不同形式，充分利用特殊部件提示音义的功能记忆汉字的形、音、义。

形别字比例随阶段升高而下降，音别字和形音别字比例却随阶段升高而提高，中亚留学生对字音线索的依赖随学习程度升高而增加。所以，对中级阶段中亚留学生的汉字教学必须加大同音字教学的比重，课上重点区别同音字字形和字义的差异，课下用同音字组词等练习巩固加强。特别是形近的同音字，是中级阶段中亚留学生比例最高的别字偏误，例如，们—门—扪、吧—把—巴、仍—扔、分—份—粉—芬等等。教师在备课时要重点准备、反复强调，抓住形近同音字的相异部件，讲清这些相异部件意义类属的不同，如"扌"与动作有关，所以"把"字后面常加名词，表示对其施加某种动作，而"口"不具有这样的意义类属，常与嘴巴的动作或语言有关，如语气词"吧"。综上，中级阶段形音别字、音近别字比例高于初级阶段，形音别字的比例在别字类型中由初级阶段的第二上升至中级阶段的第一，超出了形近别字的比例。可见，随着学习阶段升高，相似字音对中亚留学生的干扰呈上升趋势。

第六章

中亚留学生文化教学

美国语言学家萨丕尔认为，语言是不能离开文化而独立存在的。英国语言学家莱昂斯认为，语言与文化具有历史的联系，语言是打开文化宝库的钥匙，离开语言天然依赖的文化前景，难以充分理解语言本身。（廖智宏，2005）因此，在对留学生的语言教学中，文化教学自然成为不可或缺的一部分，而且是非常重要的一部分。文化知识的系统学习有助于增进文化理解，培养跨文化意识、开阔国际视野。在汉语国际教育的过程中，通过对中国文化知识的整体认知，学生能够逐渐注意到表层和深层文化的关联，继而产生较深入的文化思考。透过对表层文化现象的理解达到对中国传统价值观的领会，反过来会促进其对中国人的社会习俗和交际行为的理解，达成跨文化交际认同，增强对异文化的包容性。

随着汉语教学在全世界范围内的不断推广，以语言教学为主要内容的传统汉语教学模式，已经不能满足外国学习者希望了解中国文化和进行深层交流的需求，文化教学的革新迫在眉睫。从学习者的需求层面看，只有掌握中国文化各领域的基本知识才能构建起合理、系统的知识结构，才能促进语言学习的深入和提高；从国家的发展策略层面看，只有积极主动地进行文化教学，传播中国文化的精华，才能让世界更了解中国，同时也使世界文化更加异彩纷呈。

第一节　教学原则

语言与文化，无法完全割舍，任何语言的背后，都以这个语言成长需要的文化做支撑。语言是文化的载体，不同民族的语言反映并记录了不同民族特定的文化。（邢福义，2002）语言学家萨丕尔（1964）说过："语言的背后是有东西的，而且语言不能离开文化而存在，所谓文化就是社会遗传下来的习惯和信仰的总和，由它可以决定我们的生活组织。"

语言和文化的关系是"你中有我，我中有你"，如果想要真正掌握一门语言，文化的了解与理解，非常重要。

一、文化教学的一般原则

关于汉语教学中的文化教学的原则，目前有如下一些观点。

1. 文化导入必须遵循"阶段性、适度性、规范性和科学性"的原则，即文化的导入要适合留学生语言水平、适应语言教学需要，要传授目的语国家的通用文化。（赵贤州，1992）

2. 文化取向应先认同，后找差异；应采取双向文化的态度，介绍自己，亦应旁及他人；内容切忌幼稚，力避说教，等等。（赵金铭，1997a）

3. 教师在文化教学中"应时刻保持清醒的多元共生意识，平等对话意识和求同存异意识"。（李红，1998）

4. 要坚持"正确而客观地介绍中国的现状和中国文化"，反对民族文化虚无主义和文化沙文主义；强调要从文化差异的角度来考虑文化教学内容的可接受性。（程棠，2000）

5. 赵永亮（2002）提出的几点原则：

（1）文化阐释的原则；

（2）语言与文化相结合的原则；

（3）分阶段循序渐进的原则；

（4）文化差异对比性原则。

6. 教师应具备"双文化意识"。（周健，2004）

7. 刚性原则和柔性策略。（李泉，2007b）

文化教学的刚性原则，是基于外语教学的性质、特点、目的及文化内容本身的特点而提出的，要求教师在教学过程中应掌握并予以执行。就是说，这类原则不可不遵守、不可不照办，否则，就将偏离外语教学的规律。主要包括以下几点：

（1）语言教学的同时要进行文化教学；

（2）语言教学必须教授的是与语言交际密切相关的交际文化因素；

（3）与语言交际相关的文化因素的教学要与语言教学的阶段性相适应（即文化因素教学的适时性原则），要与学习者的真正需要相适应（即文化因素教学的针对性原则）；

（4）外语教师应持有开放的文化心态，这一原则是由文化的多样性决定的；

（5）外语教学应增强对文化差异的敏感性和包容性；

（6）具有不可更改性的文化内容应采用刚性教学原则。

文化教学的柔性策略是针对文化教学的内容取向、文化内涵的概括、文化内容的解说以及文化教学的意识和态度而言的。主要包括以下几点：

（1）文化内容的取向应采取柔性策略；

（2）文化内涵的概括应采取柔性策略；

（3）文化现象的阐释应采取柔性策略；

（4）文化特征的理解应采取柔性策略。

此外，知识文化的教学、涉及政治和国家关系等敏感问题，应采取柔性的教学策略。

8. 在对外汉语教学学科体系中，学界普遍认为文化教学毫无疑问处于从属地位，以此为基础，文化教学在原则上应服务于对外汉语教学，此即文化教学的服务性原则。（李鑫，2013）

9. 汉语教学和文化教学应紧密结合在一起，使两者在教学过程中同步前进。其原则为：实用性原则；去粗取精原则；与时俱进原则；规范原则；循序渐进原则；对比原则；因材施教原则。（黎凡，2011）

此外，曹少丽（2012）提出：循序渐进原则；实践性原则；实用性原则；与时俱进原则；传统文化与地域文化相结合原则。周旎（2012）提出：实用原则；适度原则；对比原则；宽容原则。单晓薇（2013）提出：以学习者为中心的原则；以实践为主的原则；文化对比原则。金枚（2015）提出：适量、适度、有代表性的原则；文化教学与语言教学的阶段性相适应的原则，即初级阶段——语言的文化因素教学，中级阶段——国情文化（基本国情和文化背景知识）教学，高级阶段——专门性的文化知识教学；针对跨文化交际中的障碍，把文化知识转化为交际技能的原则。颜瑛（2015）提出：从易到难，从简到繁的教学原则；语言教学为主，文化教学为辅的原则；尊重差异性原则；运用针对性原则，有针对性地对不同文化背景的留学生进行教学实践。

从总体来看，有关于文化教学的原则问题，主要集中在语言与文化相结合的阶段性、适用性、适度性、实践性、规范性和科学性等方面。

二、新疆师范大学文化教学原则

新疆师范大学国际文化交流学院自 2009 年 7 月成立以来，将留学生的中华文化教学定位为学院的特色教学，在文化教学中，我们摸索总结出以下原则。

（一）体验理解的情感教学原则

我们对不了解的事物，总是抱有某种猜测和疑惑，甚至会有排斥和敌意。有人说，汉字是中国文化的万里长城，因为汉字的难学，阻挡了中国人、中国文化与外界的交流与沟通。因为不了解，外国人对汉语、对中国、对中国文化，有了很多的猜测和想象，中间还掺杂了很多说不清道不明的情绪。当然，这样的说法，还不是非常完善的，其中还有更复杂的因素需要我们探寻，但中国究竟需要什么样的方式来让世界感受其博大精深，魅力无穷的文化呢？我们需要化繁为简，寻找中国名片，需要通过使人感兴趣的、包含中国元素的媒介和形式来介绍中国，比如：中国画、书法、剪纸、武术，等等。

让留学生们感受具有代表性的中国文化，通过对陌生文化形式的观看、模仿和学习，再慢慢了解、理解并喜欢这一文化形式，这就是体验理解文化教学原则希望达到的教学目的。

体验理解式的文化浸入式学习，能够让学习者对所学习的文化获得立体、全方位的理解，让学习者在学习的过程中，慢慢实现感同身受，从文化形式进入到文化内涵，进而实现喜爱这一文化形式。在这一过程中，情感的浸入非常重要，有很多人仅仅是因为喜欢中国的汉字或者武术就一辈子献身于汉学研究，最终成为汉学家。"爱屋及乌"的情感因素，以及文化的力量，感召了很多留学生走进中国，亲近中国（见图 6-1 至图 6-16）。

图 6-1、图 6-2　爱在中国：第三届中国亚欧博览会义务翻译服务

图 6-3　爱在中国：儿童节慰问儿童村孤儿　图 6-4　爱在中国：在幼儿园义务服务

图 6-5、图 6-6　爱在中国：植树

图 6-7　爱在中国：为地震灾区捐款　　图 6-8　爱在中国：为灾区捐款

图 6-9　爱在中国：为学生们过生日　　图 6-10　中国家庭文化体验：过生日

图 6-11　中国家庭文化体验：包饺子

图 6-12　中国家庭文化体验：试做中国饭

图 6-13　中国家庭文化体验：体验新疆

图 6-14　中国家庭文化体验：学唱京剧

图 6-15、图 6-16　中国家庭文化体验：学做中国菜

（二）文化实践和语言教学相结合的原则

在日常教学中，从字、词、句、篇的教学中，将渗透在其中的文化知识点讲解给留学生，并结合文化实践活动，让留学生们进一步感受到中华文化的魅力。这与体验理解的情感教学原则紧密联系，共同起作用。

每一个节日、风俗、习惯，都是文化的点滴符号，通过这些点的了解，就能逐步画出中国文化的轮廓，再进一步通过文化实践来体验中国文化，给留学生带来的视觉冲击、听觉冲击以及节日气氛的感受，都会带给留学生深刻的文化体验。这种体验，往往能够成为一个小小的线索，牵引着留学生在多年后，依然难以忘怀当年的场景、场景中的人和场景中的种种情绪，所有的一切，将汇聚成留学生对原本陌生文化的亲近的情结。

（三）专项文化学习的原则

学院为留学生们专门成立了留学生艺术团，从全体留学生中选拔团员，并派专人负责艺术团团员的文化学习和训练。学院还专门开设了各种文化社团，如：古筝社、武术社、舞龙社、竹笛社、葫芦丝社、书法社、国画社等，每周都有固定的授课时间，全部都由专业教师担任授课任务，对留学生一律免费。这一培养方式，还是秉承体验理解的教学原则。只有让更多的留学生们通过学习了解并喜爱上中国文化中的某一部分内容，才能让更多的人有机会深入了解中华文化博大精深的一面。

（四）以竞技比赛为平台的文化实践教学原则

自学院成立以来，每年都会组织并参加各级各类的文艺演出及汉语、中国文化的比赛，通过比赛，众多留学生脱颖而出，这些留学生也带动了更多留学生投入到中国文化和汉语的学习中。在教学过程中，文化实践和文化体验需要很多场景和环境，在比赛的过程中，这些比赛现场，成为检验留学生文化学习的真实场景，留学生在准备比赛的过程中，不知不觉地提高了学习效率，在一定程度上，提高了文化学习的效果。同时，通过初赛能够进入决赛的留学生，还能够到各个举办决赛的城市参加比赛，这又一次拓宽了留学生的文化视野，增加了文化体验的机会。

以上的四个原则，都是为了让文化学习成为留学生与中国、中国文化情意相通的媒介。在文化的学习过程中，让留学生在不知不觉中亲近中国文化，亲近中国，亲近与中国有关的人和事，最终实现与中国民心相通，成为中国和留学生所在国文化思想交流的使者。

第二节　教学目标

教学目标，指教学活动的主体经过一段时间的教学后所应达到的预期的结果。早在 1956 年，美国教育家布鲁姆在他的《教育目标分类学》中就提出了三大教育目标：认知、情感和心理动作。克拉姆契于 1998 年，拜拉姆于 1997 年提出文化学习的最终目标是要在文化调试的基础上，了解更多的文化群体，掌握文化和跨文化交际的普遍规律，增强跨文化意识，提高跨文化交际能力，力争成为一个跨文化的人。（柴玉炜，2013）

我们在留学生的汉语教学中，以实现"一带一路"倡议为目标，紧紧围绕"人文关爱、科学管理、文化体验、专业实践"的办学思路，不断为在校留学生搭建文化实践平台。同时以文化教学提升留学生的语言能力，以语言教学促进文化间的理解与融合，从而在整体上提升留学生的汉语水平；创造宽松、和谐、立体的文化环境，使留学生的思维方式得到拓展，以提升留学生的语言交际能力为终极目标。在文化教学的实践过程中，我们力争让留学生有更多的机会亲身体会中华文化的博大精深，加深对中华文化的喜爱程度，进而自觉主动地学习、传播中华文化，更重要的是让他们在各级各类的文化体验与实践过程中，感受中国在改革开放四十多年以来，取得的经济发展和文化建设方面的巨大成就，感知中国人民的积极进取、热爱和平和中国社会的安定繁荣，并使在校留学生成为知华、友华、亲华的使者。因此，在文化教学中，我们制定了一整套动态的、递进生成的教学目标：文化体验→文化理解→文化接纳→文化融入。即：先体验，在体验中理解，进而达到文化接纳，实现文化融入。在教学中实践，在实践中教学。

一、文化体验

针对不同学习目标和学习时限的留学生，我们可采用不同的语言教学目标和语言教学形式，但在文化的介绍和引领方面，我们首先希望实现的教学目标就是文化体验。不管留学生之前对中国、对中国文化有怎样的先入为主的印象，那些仅仅是存在于脑海中的形象，来中国后，我们要给他们一个真实的中国形象，一个可触摸、可体验的、温暖鲜活的中国形象。我们相信，文化体验能够拉近中国、中国文化与留学生之间的情感距离。

在实际的教学中，文化体验不仅仅是教学目标，还是贯串于留学生在中国学习的整个过程中的文化教学方式。文化体验能带给留学生不一样的学习过程，因为留学生能在体验中感知中国和中国文化，了解中国社会，结交中国朋友……这样的学习过程更加深刻难忘。

二、文化理解

文化理解是指学习者对目的语所属的国家或民族的思维方式、价值观念、行为模式的认识、理解和使用。文化理解有三重目标：一是知识理解目标，即对语言文化知识内容的理解，对语言的词汇、语法、语篇以及语义的理解；二是从语言材料中领会文化的文化理解力，通常也指文化知识在语用层面上的理解；三是从语言材料中理解语言所折射出的目的语国家或民族的思维方式、价值观念、行为态度、信仰以及深层次的文化观念等。

文化理解是在经过一定时间的学习和感知之后才能达到的较高一层的目标。文化体验给留学生带来对中国和中国文化的亲近感，进而实现文化的理解和沟通。

三、文化接纳

不同的文化，相互之间达到理解，需要学习和沟通，需要较强的心理宽容度。中亚地区与中国新疆存在着天然的地缘关系，新疆有 13 个世居民族，中亚地区的民族与新疆地区的民族有一些生活习惯是相通或相近的。新疆原本就是一片神奇的文化交流繁荣的地区，中国人"取其精华，弃其糟粕"的文化接纳态度，能够影响留学生们并使他们建立起自己的文化鉴别能力和文化接纳能力，扩大文化宽容的胸襟。各种不同文化之间的交流和学习，会提高留学生们的文化接纳能力。

四、文化融入——跨文化交际能力目标

培养跨文化交际能力是文化教学的主要目标。跨文化交际能力包括文化知识能力、交际技能、态度和文化意识等方面的综合能力。只有真正实现文化融入，我们开展留学生教学的目的才能真正实现，我们民间外交的使命才能真正完成。

经过文化体验，实现文化理解，达到文化接纳，最终实现文化融入，是我们为文化教学设立的较高的动态教学目标。这一目标的设立，将使任何学制的留学生都从中受益匪浅。

我们的教学，在文化体验中包含着情感的付出。这一教学目标的制定，意味着每一位参与其中的教师及工作人员，都将为之付出满满的热情和真心的热爱，我们的每一位教师和工作人员，都将化身为中国文化的活动名片，以我们最饱满的热情和付出，感动、影响着我们面对的每一位留学生，为培养知华、友华、亲华的留学生们，付出全部的热情，最终实现的是留学生们与中国的情感互通、民心相通。

第三节　教学方法

关于文化教学的方法，国内教学界通用的也不少，如讲解法、比较法、融合法、实践法、补充法等。但"教学有法而教无定法"，不同的教师可根据自己的习惯和对象的不同而采取不同的教学方法。我们在教学方式上结合起步阶段中国文化的教学内容，采取灵活、有效、多样的教学方式，并要求在具体文化教学中不断创新，针对不同的教学内容和教学形式，采用不同的教学方法，真正体现出教学的灵活性。

我们的文化教学，主要特色集中在文化体验方面，定位在各种形式和内容的文化体验上。

（一）传统课堂教学

传统课堂教学是指利用文化课本、粉笔、挂图等教具进行的教学，例如：讲解中国基本概况，讲述汉字故事等。其方法主要运用教授法、比较法、展示法。

（二）现代多媒体教学

现代多媒体教学是指利用多媒体进行文化欣赏以及展示中国饮食、服饰等文化知识的教学。其主要方法采用讲解法、演示法、对比法。

（三）实践活动和体验

实践活动是指在节日节庆传授知识后，针对相应的节日节庆举行的活动。共度中国传统节日，体验中国节日背后的深层文化内涵，如：体验"元宵节""清明节""端午节""中秋节""重阳节""冬至"等传统节日，让留学生对中国的节日文化留下深刻的印象。除了对中国传统节日的介绍和体验，我们还为留学生们创造了各国文化间的交流和体验的机会，如：定期举办各国文化周、各国风情展等。这些系列活动相当受留学生们的欢迎。最重要的是能够发挥留学生们的创造能力，吸引留学生们主动参与到活动中来。通过这些文化体验，增进了不同国家、不同民族之间的文化的了解与沟通，潜移默化中实现了国际理解教育，主要方法采用讲演法、演示法、比较法、体验法。

　　除了专门的活动，我们还采用渗透中国元素的教学环境布置，使留学生学习和体会异国文化。通过留学生自行设计并收集材料，进行体现中国文化气息的教室及宿舍布置；或将留学生学习生活的楼道、展厅、图书室等布置得充满中国元素。通过环境的沉浸和渗透，使留学生领略中国文化。（见图 6-17 至图 6-20）

图 6-17　浓厚文化氛围的营造：文化实践中心　图 6-18　浓厚文化氛围的营造：文化传习所

图 6-19　浓厚文化氛围的营造：教学展览室　图 6-20　浓厚文化氛围的营造：教室

学院还专门布置了两间中国文化展厅，每年组织新进校的留学生们参观，让留学生们从感官上对中国文化有了第一印象。

在文化的浸入式体验后，学院还指导留学生参加各项演出，通过演出中国歌曲、舞蹈的形式来学习中国经典文化。其方法主要采用参与法、体验法等。

（四）文化测试与检验

文化是有形与无形的融合，因此在测试方法上也需灵活兼顾，其测试形式有下列几种。

1. 考试打分，如太极拳、太极剑、古筝、葫芦丝等。

2. 作品赋分，如书法、山水画、剪纸、京剧脸谱绘画等。

3. 竞赛、比赛，如专题知识竞赛、诗歌朗诵比赛、汉语桥、汉字书写大赛、大众项目体育比赛等。

4. 展现文化的各种表演，如中国功夫表演，中国歌舞表演，语言类节目表演等。

第四节　面向中亚留学生的文化教学内容

汉语国际教育工作作为中国接触并联络国际世界的战略发展中的一部分，是传播中国语言，弘扬中华优秀文化，推动中华文化走向世界，树立中国良好国际形象的基础工程，同时也是扩大我国对外开放，提高中国文化软实力和世界影响力的战略举措。汉语国际教育的中心工作是以汉语为媒介和载体，以汉文化为代表的中华文化为主要教学内容，把汉语与中华文化一起推介给全世界。因此，文化教学模式的建构有助于向学习者科学系统地推介中国文化，有助于将文化内容清晰地呈现在学习者面前，使文化知识的学习变得相对直接明朗，使汉语国际教育的文化传播快捷有效。

我们通过十几年的探索发展、总结积累以及不断创新，逐渐构建出适合中亚留学生特点的文化教学模式。为了使文化教学模式得以充分完善，我们于 2009 年 7 月专门成立文化实践中心，委派专人负责留学生文化教学的策划、组织、协调、开展及日常教学。我们的文化教学整体上从以下几个方面开展。

一、语言教学中的文化教学

任何一种语言的产生和发展都依赖于该语言群体及其赖以生存的社会文化。从某种意义上来讲，不了解语言中所蕴含的文化，就谈不上真正掌握语言，语言学习是文化学习的手段，而文化学习是语言学习的目的，也可以说语言学习必然是文化学习，语言教学必然是文化教学。（柴玉炜，2013）

文化是语言存在和使用的环境，通过学习语言形式和语言使用中所蕴含的文化内容，使语言学习更加全面深入，真实生动。语言教学又可分为词汇教学、阅读教学和听说教学。有时，我们在一门课上也能够实现听、说、读、写各种能力的共同提高，如综合课。不可否认，在以上所举的这几种教学形式中，都包含着文化教学。

（一）词汇教学中的文化教学

词汇教学是语言教学中最基本的要素教学，无论是综合课的教学还是阅读、听力课的教学，词汇教学都是教学中必不可少的一环。因为不同文化的差异就体现在对词汇含义的理解上。在教学中我们不仅要让留学生理解词汇的原意、引申义及其用法，还应让留学生理解其文化意义。文化形态上的差异一定会呈现在语言系统中最活跃的词汇层面上，这种差异也必然会产生附加在词汇之上的不同的联想意义，不了解这种联想意义之间的差别，就不能完全理解一个词所承载的全部的语言信息量。

（二）阅读教学中的文化教学

一般的阅读教学，都应从词汇、语法、意义三个层面来对一篇文章进行理解和把握。对于陌生的词汇、语法结构可以通过查阅词典、语法书来完成；而由词汇和语法结合起来的意义表达，即文化意义，是很难让留学生理解的，因为它涉及这种语言所承载的文化、价值观、信仰和态度。因此，阅读不是一种简单的对词汇、语言的理解，只看懂文章的表面含义是不够的。必须要求留学生对目标语的文化有一种合乎情理的定位；必须在确定教学目标和教学内容的同时，兼顾文化教学的需要，提前做好预设，通过读前和读后学习任务的设定，将学习者的注意力吸引到篇章内容上，进行有方向的文化讨论和学习。

（三）听说教学中的文化教学

听说教学中的文化教学是留学生从中感受、体验文化意义、文化交际的一个重要途径。听说教学中的文本选材，从一定程度上说，是中国文化的高度浓缩，能够较真实地反映中国文化。教学中应充分利用多媒体，全方位呈现中国文化的魅力，让留学生有一种身临其境的感受，这有利于从情感和行为层面上培养他们的跨文化交际能力。

二、纳入课程体系中的文化教学

在当下的汉语教学中，文化教学意识已由不自觉逐渐走向自觉。文化课的教学是传播中国文化最直接的窗口，又是留学生了解中国最直接、有效的手段。文化课程教学，相对独立于语言教学，也不同于文化讲座，是一门独立形态的课程，是针对某些一般性、代表性、综合性文化内容进行的集中式文化教学；它不局限于教师的单纯讲授，更多地强调在展示、互动、任务和体验中真正地感受和体悟中国文化，进而真正为中国文化的魅力所吸引。文化课程教学需要将文化知识和技能训练相结合，以培养留学生对中国文化的认知能力和跨文化交际的能力为主要目标，以文化的整体观念来提升语言教学的水平和效果。

鉴于此，我们为留学生提供了免费的、全面系统的学习中国文化技能的机会，以培养知华、友华、亲华的留学生为目标，通过丰富多彩的技能教学，让留学生们更加喜欢中国，喜欢中国文化。

文化课程教学模式是为有一定汉语基础的中高级水平留学生开设的。因为一般认为，学习者的文化需求和语言学习进度成正比，到了中高级阶段，语言教学中的"文化因素"知识已经不能满足学习者的需要，这时的文化反作用于语言，大量以潜在形式存在于语言系统之中的文化信息严重阻碍了留学生交际和学习的需要，此时开设"文化课"就显得刻不容缓。（李冬梅，2014）因此，我们通过不断规范和完善纳入课程体系的文化课程的教学模式、教学管理，根据中亚留学生的学习需求、学习特点和认知能力以及文化课程的性质和目标，将中华纸艺、书法、武术、中华韵文诵读、中国音乐欣赏等课程以学分制形式纳入课程体系，作为中高级水平留学生必修的课程，并配备专业师资，制定严格的考核制度，保证良好教学效果。

（一）中国文化课程教学

1. 中国文化知识课程教学

学校在留学生具备了一定的汉语能力后，一般是达到汉语水平考试 4 级水平后，为留学生专门开设了中国文化知识课程。这一课程教学主要针对的是学历生，包括国际汉语教育硕士生（留学生）、语言学及应用语言学硕士生（留学生），汉语专业本科生（留学生）、华侨奖学金本科生，使用的教材是高等教育出版社出版、史迹主编的《文化全景中级汉语教程（上、下）》和北京语言文化大学出版社出版、韩鉴堂编著的《中国文化》，并附以北京语言大学出版社出版的《中国文化百题》（附光盘），供任课教师为留学生课堂播放文化视频。通过中国文化课的讲授，留学生对中华文化中的精髓部分，有了较系统的学习，更加深入地了解了中国社会和中国人的思想及习惯。

2.《千字文》阅读教学

本课程教学通过学习古代韵文，使留学生逐步接受中华传统文化的熏陶，培养良好的人文素养，从而逐渐领悟中华传统文化的精髓，提高自身修养，潜移默化地引导留学生深入了解中国人的思想之根。

本课程的主要学习内容是《三字经》《千字文》《百家姓》。在教学中坚持以让留学生明白一些为人处世的道理为原则，通过故事的讲述，充分调动留学生的积极性和主动性，让他们自觉自愿地投入到学习中来，并利用现代媒体教学技术与中华传统文化相结合的原则，深入挖掘传统文化的内涵，让留学生通过现代媒体技术了解中华民族过去的劳动生活及生活习俗。

3. 中华传统文化典籍纲要

源远流长的中华传统文化，由《尚书》《周易》滥觞，经传承推演，发展成百家争鸣的宏大格局，最后归结为以儒家为核心的孔孟之道，在这种文化的形成、完善、定型的漫长过程中，无论是哪一家、哪一派都始终贯串着一条宗旨，就是坚持不懈地追求天下太平、人民富足的理想社会。

时至今日，我们所面对的问题是：如何传承这些文化传统？哪些需要扬弃？哪些需要在发展中进一步完善？这就要求我们对这些浩如烟海的典籍做一个基本的了解，尤其是在对外的文化交流过程中，没有对中华传统文化的了解，就不能占据文化传播、交流的制高点。

针对现在留学生的实际情况，我们对留学生本科三四年级以及硕士开设了中华传统文化典籍要览课程，以求在较短的时间内，让他们对中华文化典籍有所了解。课程遴选的典籍尽量涵盖诸子百家，采用节选的方式，每段节选字数要求在150字以内，节选的内容有：《尚书·大禹谟》《易·文言（上）》《管子·国颂》《墨子·修身第二》《孙子·兵者诡道也》《左传·曹刿论战》《论语·宪问》《论语·乡党》《老子·第五十二章》《庄子·逍遥游》《孟子·梁惠王》《楚辞·天问》《韩非子·刻舟求剑》《公孙龙·白马非马》《荀子·劝学》等。

（二）中华才艺课课程教学

为使各类层次的留学生都能亲身感受中国文化的魅力，较深入地了解中国社会，我们开设了一系列的中华才艺课程。

1. 中华传统纸艺学习

中华纸艺教学主要是通过对中国剪纸艺术的欣赏，使留学生对中国民族民间的剪纸艺术及其所折射的民俗有更深刻的认识，从而了解中华文化，开阔留学生的中华文化视野，启迪智慧，促进其身心全面健康发展。

本课程教学内容主要讲授中国剪纸艺术和学剪中国纸艺，以剪双喜、鸳鸯、中国的十二生肖为主要内容，引导留学生对中国的剪纸艺术进行分析、比较，使他们在实践中认识理解中国的剪纸，掌握必要的剪纸方法，并在教学中坚持不断让留学生亲身参与体验的原则。教师在讲授每一种剪纸时，都会准备大量的视听资料，努力营造良好的实践环境，充分调动留学生的积极性和主动性，让他们自觉参与到各种教学活动中。

2. 中华传统音乐学习

中国传统音乐欣赏及学习主要是通过对中国民间歌舞音乐、曲艺音乐、民族器乐、中国近现代音乐的讲授和欣赏，使留学生对在这些音乐现象折射下的中国民族民间活动、习俗有更深刻的认识，从而了解中华文化。

本课程的教学内容主要以聆听和赏析中华传统音乐为主，学唱一些民族民间歌曲、学跳简单的民族民间舞蹈为辅，引导留学生在情感体验上对中华民族的传统音乐作品进行分析、比较。使他们在欣赏音乐的实践中认识、理解、鉴赏音乐，掌握必要的音乐知识与欣赏方法，以开阔留学生的中华文化视野，启迪智慧，促进其身心全面健康发展。同时，我们在教学活动中还配合了大量的课堂活动，包括欣赏音乐电影以及民歌竞赛等，最终完成对中国民歌、歌舞音乐、曲艺音乐、戏曲音乐、民族器乐、中国近现代音乐部分内容的视听欣赏，使留学生对中国传统音乐有一些大致的了解，会唱一些中国民歌。

本课程在实施教学的过程中，注重以留学生为中心，始终营造一个轻松愉快的课堂氛围；引导留学生在情感体验的基础上对音乐作品进行分析、比较与评价，使他们在欣赏音乐的实践活动中认识、理解、欣赏音乐；调动留学生的学习积极性，使他们主动地参与音乐审美活动；利用各种现代化的、直观性的音乐教具与学具，最大限度地强化留学生的听觉审美感受，增加留学生的中华才艺。

3. 中华传统茶艺学习

茶艺是形式文化，但其中渗透着更深层次的精神文化的内涵。茶文化与中国的禅宗思想和中华医药理论有着极为密切的关系。茶文化源于中国先民劳动及生活的方方面面，了解茶艺文化有助于了解中国人天人合一的思想和中庸思想。通过对本课程的学习，使留学生在系统学习"茶"知识的基础上，了解中华优秀传统文化组成部分的中华茶艺知识。通过实践，掌握茶品的选择方式，学会以中国茶道理念为指导的中国茶艺技能，并能更好地理解中华茶文化。学会以茶修养身心的方法，了解茶在中国传统文化中的表现。

本课程教学将通过对乌龙茶、绿茶、红茶的发展简史，制茶方式方法、冲泡方法以及历史上各个时代对茶的利用及与茶所形成的文化等进行简要介绍，并通过多媒体、录像、图文资料等有效方式，把茶文化内容的博大精深向留学生展示出来，以此引发留学生的学习兴趣，并要求留学生简单了解并掌握茶的冲泡方法。

4. 中华传统武术学习

为培养留学生树立"健康第一"和"终身体育"的意识，了解科学健身的方法，引导留学生积极进行课外体育锻炼，培养留学生的团结协作意识、纪律意识及吃苦耐劳的优良品质，文化课程教学选择以武术为主要课程的宗旨是：以武会友，使留学生理解中华尚武精神的实质。

本课程教学以二十四式太极拳为主要授课内容，以示范感知、语言感知、口令感知、思维感知的教学方法，由易到难，由简到繁，由浅入深，循序渐进，注重示范，寓教于乐，使留学生了解太极拳基础理论知识及科学的健身方法，掌握二十四式简化太极拳，并能独立练习。

本课程的授课教师曾在俄罗斯留学 7 年，并自小专习少林功夫，对中华武术的核心思想理解深刻。在教学中，他用俄语为留学生讲解太极的哲学思想，留学生在习武之后，整体精神面貌都有了较大改变，变得更有"中国味"了。

三、文化社团教学

中国文化博大精深，海纳百川，无论其历史、艺术、文学还是风貌，都散发着不可抗拒的魅力，从留学生的未来发展及学校生源考虑，给留学生展示中国绚烂多彩的文化，建立系统完整的文化知识体系非常必要。这些课上好了，能激发留学生"要理解""要掌握"的渴望，留学生自然会要求来中国、来新疆深入学习。

由于学历、学制、语言水平等因素，文化课程教学只为学历生中的中高水平留学生开设，考虑到非学历生和交换生也有了解中国文化的渴望，因此，为了满足所有留学生对中华文化的需求，学院专门出资建立了多个文化社团。社团教学也成了文化教学的重要组成部分。

文化社团教学主要包括中华才艺、曲艺、运动和体验，旨在发现留学生的兴趣所在，动静皆宜，重在让留学生亲身体验，从而提升动手能力和表现力，让留学生在知识文化课（理论方面）学习后，有实践方面的强化和验证。

文化社团有中国舞蹈、曲艺、武术、葫芦丝、古筝、二胡、竹笛、中国画、书法、剪纸等社团。其形式主要以社团为载体，免费向留学生介绍中华文化，并在全院留学生中掀起了学习中华文化传统技艺的热潮。之后，在对留学生进行文化教学需求分析的基础上，学院对文化社团教学进行了改良和重组，教学主要以"社""团"的形式开展，其目的是让留学生身心放松，自由选择感兴趣的课程。文化社团在课程设置上具有课程多样性、时间灵活性、学生多元性的特点，留学生可根据自己的兴趣和时间自由选择社团课程。文化社团课程的多样性体现在课程的丰富性上，根据留学生的不同需求，最终确立了合唱团、社火团（舞龙、舞狮）、古筝社、竹笛社、葫芦丝社、二胡社、吉他社、棋艺社（象棋、围棋）、曲艺社（相声、京剧、快板）、书法社、国画社（写意、工笔）、纸艺社、手工艺社（丝网花、十字绣）、武术社等主要社团（见图6-21至图6-34）。

图6-21　文化社团教学：茶艺

图6-22　文化社团教学：古筝

图6-23　文化社团教学：二胡

图6-24　文化社团教学：竹笛

图6-25　文化社团教学：太极拳

图6-26　文化社团教学：国画

图 6-27   文化社团教学：葫芦丝

图 6-28   文化社团教学：国画

图 6-29   文化社团教学：快板

图 6-30   文化社团教学：年画

图 6-31   文化社团教学：书法

图 6-32   文化社团教学：武术

图 6-33   文化社团教学：腰鼓

图 6-34   文化社团教学：中国象棋

文化社团课程的设置具有时间灵活性和学生多元性的特点。时间灵活性主要体现在以下两方面。其一，根据每个社团学习内容的难易度和耗时长短，以及留学生对此类课程的兴奋持续时间，将不同课程安排了不同时长。其二，根据社团课程的关注程度调整社团的上课时间，如受关注程度高的社团将另增设一个时间段，以保证所有感兴趣的留学生都有机会学习。学生多元性主要体现在以下两方面。其一。学生来源多元性。文化社团所针对的学生为：全体留学生、中国汉语国际教育专业本科生和中外汉语国际教育专业研究生。其二，学生学习多元性。各种专业背景和语言背景的留学生在社团中合作学习，取长补短。中国学生在这些社团中帮助留学生加强文化内容的学习、体验和实践；留学生和中国学生在社团学习中，相互练习所学语言，结成语伴，共同进步。

文化社团教学采用自愿加入的模式，聘请校内外专业教师以及社会各行各业人士亲临指导。学期末，任课教师将根据留学生的考勤、学习情况给出相应的成绩并发结业证书，此成绩将作为留学生文化实践课的成绩附于留学生档案当中，以此激励留学生在课余时间参加社团学习。此外，留学生社团还通过参加学校一年一度的运动会及毕业生文艺会演等活动，检验留学生的学习效果，以此检验并完善教学内容和教学模式。

四、文化体验教学

语言教学中的文化因素教学为留学生在认知层面上了解中华文化打下了坚实的基础，为了进一步加强留学生在感知层面上对中华文化的体验，学院根据中国节日节气及其他重要日期，策划组织留学生参加一年一度的各类文化体验教学活动，留学生在欢乐的活动中获得中国传统节日庆典和民俗文化体验。这种体验教学彰显了传统节日中蕴含的深厚文化信息，让留学生在集体实践活动中领悟、参与并体验博大精深的中华文化。在举行文化体验活动之前，学院已经通过专门的文化知识课为留学生介绍了中国的传统节日，文化体验活动是对之前文化介绍的深入体会。

为了营造出浓浓的中国传统节日的氛围，学院专门搭建了留学生的文化体验平台，打造了留学生文化活动的品牌。为培养留学生的团队协作精神，学院为留学生们开展了一系列内容丰富、形式多样的中国传统节日体验活动。此类活动有以下几种。

（一）体验中华传统节日

中国传统节日是中华民族历史和精神的形式体现，是凝聚全中国人民和家庭的纽带，对中华传统文化的体验，能够使留学生们更生动、更深刻地了解中国文化、中国历史、中国社会和中国人的思想，所以学院每到中国传统节日，都会针对不同层次的留学生，组织不同深度的体验方式，带留学生走进中国传统节日。（见图 6-35 至图 6-43）

图 6-35　传统节日文化体验活动：
冬至包饺子

图 6-36　传统节日文化体验活动：
端午节定向越野

图 6-37　传统节日文化体验活动：
端午节制作美食

图 6-38　传统节日文化体验活动：
清明节放风筝

图 6-39　传统节日文化体验活动：
清明节缅怀先烈

图 6-40　传统节日文化体验活动：
元宵节猜灯谜

图 6-41　传统节日文化体验活动：
元宵节吃元宵

图 6-42　传统节日文化体验活动：
中秋节制作月饼

图 6-43　传统节日文化体验活动：重阳节结伴跑步比赛

　　元宵节时，教师们会给留学生们准备清真汤圆，并在班里煮汤圆，在教学楼里挂起红灯笼，举行元宵节猜灯谜活动等。在保证留学生安全的同时，让留学生感受到元宵佳节的热闹气氛和文化气息。

　　清明节一般与踏青活动结合起来，每年的节日活动都不会重复，不仅有拔河比赛，趣味运动会，制作风筝、放风筝比赛，还会组织留学生参观革命烈士纪念馆、中国工农红军西路军总支队纪念馆，并组织留学生赴文化实践基地参加乌鲁木齐文庙举办的一年一度的清明诗会等。

　　端午节时，学院会为留学生们准备清真的粽子，同时，组织留学生们开展户外活动，如：组织留学生开展划龙舟比赛，到乌鲁木齐周边体验农家生活，组织踢毽子大赛、定向越野大赛等。

　　中秋节时，学院为每位留学生准备了清真月饼，讲月饼、吃月饼、赏圆月，举办中秋联谊晚会，组织中秋快乐游园、猜谜语、联谊舞会等。

　　重阳节又是老人节，在中国的传统风俗中，登高是九九重阳节的一个习俗。每到重阳节，学院都会组织留学生登红山、雅玛里克山、红光山等乌鲁木齐市的几座有名的山。

冬至来到时，学院会给留学生们提供包饺子需要的炊具，各班班主任会带领留学生们亲手包饺子，营造家的氛围。

（二）体验中华文化传承

中国历史名人的纪念活动，在形式和内容上，都对留学生有很大的触动。纪念的仪式是非常庄重的，留学生在参加名人纪念活动前，学院会给留学生专门学习名人事迹和名人作品的机会，有专人为留学生们上课。留学生在参加仪式之前，都已非常熟悉这位历史名人，并且能够熟练背诵这位历史名人的名篇著作。例如，孔子诞辰纪念活动时，学院组织百名刚入学的有汉语基础的留学生参加祭孔大典，并在大典中朗诵《论语》的《学而》篇。在纪念老子诞辰时，学院也组织留学生学习老子的《道德经》并在仪式上朗诵其中的部分章节。学院组织留学生在严肃庄重的气氛中，接近中国的经典和文化伟人。（见图6-44至图6-50）

图 6-44 文化传承体验活动：
朗诵《道德经》

图 6-45 文化传承体验活动：
纪念老子诞辰

图 6-46 文化传承体验活动：
祭孔大典

图 6-47 文化传承体验活动：
朗诵古诗词

图 6-48　文化传承体验活动：　　　　图 6-49　文化传承体验活动：
　　　　默写《千字文》　　　　　　　　　　　朗读《三字经》

图 6-50　文化传承体验活动：参观文庙

（三）参与庆祝中国法定节日

目前，学院不仅组织留学生参加中国传统节日和历史名人纪念日纪念活动，还组织留学生参与了中国的国家法定节日的庆祝。如植树节时，学院组织留学生赴学院建立的文化实践基地开展"亲手编织绿色，做环境保护使者"活动，将节日和环保活动结合起来。

在"五四"青年节到来时，学院不仅给留学生讲述节日的由来，还组织留学生们参加"激荡青春 放歌五月——汉语歌曲卡拉 OK 大赛"；充分释放留学生的青春活力，展现留学生们的才华。

（四）体验各国传统节日

目前我校已有超过 21 个国家的 1000 多名留学生在校学习，留学生们主要来自塔吉克斯坦、吉尔吉斯斯坦、哈萨克斯坦、乌兹别克斯坦、俄罗斯、韩国等国，学院本着"人文关爱、民心相通"的教学和管理方针，不仅向留学生们介绍中国节日，还请留学生们自己策划筹备展示各自民族和国家节日的节目，让留学生们在理解中走近彼此，走近各自的文化。类似的活动有很多，其中，在非常受欢迎的"各国风情展"上，留学生们穿上自己民族的服装，为我们介绍各自国家和民族的传统节日和传统美食。留学生们的认真和热情，感染了在场的每一位来宾，让我们再一次体会到文化之美。（见图 6-51 至图 6-58）

图 6-51　文化交流：巴基斯坦风情

图 6-52　文化交流：俄罗斯风情

图 6-53　文化交流：哈萨克斯坦风情

图 6-54　文化交流：吉尔吉斯斯坦传统歌舞

图 6-55　文化交流：蒙古舞蹈

图 6-56　文化交流：塔吉克斯坦歌舞

图 6-57　文化交流：乌兹别克斯坦风情

图 6-58　文化交流：中国服饰文化展示

五、文化实践活动教学

文化实践活动教学是指留学生在经过了中国文化知识课程、才艺课程、文化社团以及文化体验教学之后，把所学到的文化知识、文化才艺相融合后，在实际生活中的一种尝试与再实践活动。文化实践活动的形式非常多样，主要体现在以下几方面。

（一）鼓励留学生登台演出

留学生以汇报演出形式展示的文化教学成果在各个层面均已呈现。学院层面上的教学成果展示主要是一年一度的中外师生文艺会演，会演以中华文化展示为主线，以歌舞、相声、武术、器乐表演为主要形式。学校层面上的教学成果展示主要是留学生每年都会排练的太极拳方阵、功夫扇方阵、腰鼓、秧歌方阵，这些方阵每年都会参加学校田径运动会开幕式的演出。自治区和全国层面上的教学成果展示有留学生受邀参加乌鲁木齐市京剧团、北京京剧院新年京剧文艺晚会，参加新疆维吾尔自治区政协中秋茶话会表演，以及由自治区教育厅主办的汉语国际推广中亚基地揭牌典礼系列活动启动仪式等。国际层面上的教学成果展示主要有赴中亚三国参加"三巡"（巡演、巡讲、巡展）活动和海外新疆籍华裔青少年联谊会等。

（二）鼓励留学生参加各级各类比赛

俗话说"台上一分钟，台下十年功"，留学生在各级各类的比赛中所展现出来的文化教学成果无不包含了教师和留学生的共同努力和辛苦付出。自开展文化教学以来，留学生参加了校级、区级、自治区级、国家级比赛 26 项，并均已获得较好的成绩。这其中的文化教学主要体现在参加校级、自治区级、国家级以及国际的比赛和活动的过程中所收获的知识与文化体验。这些比赛把纳入课程体系中的文化教学及社团中的文化教学成果以有形的表演呈现出来。（见图 6-59 至图 6-78）

图 6-59　各类比赛屡创佳绩：拔河大赛

图 6-60　各类比赛屡创佳绩：唱歌大赛

图 6-61　各类比赛屡创佳绩：
第四届全球汉语选拔赛第二名

图 6-62　各类比赛屡创佳绩：
国际沙漠越野赛

图 6-63　各类比赛屡创佳绩：
"汉语桥"新疆区选拔赛

图 6-64　各类比赛屡创佳绩：
"汉语桥"新疆区选拔赛

图 6-65　各类比赛屡创佳绩："汉语桥"
新疆区选拔赛第一名

图 6-66　各类比赛屡创佳绩：
汉字大赛

图 6-67　各类比赛屡创佳绩：
汉字书写与认读大赛

图 6-68　各类比赛屡创佳绩：
"留动中国"之健美操

图 6-69　各类比赛屡创佳绩：
"留动中国"之民族舞

图 6-70　各类比赛屡创佳绩：
"留动中国"之民族舞

图 6-71　各类比赛屡创佳绩：
"留动中国"之中华文化展示

图 6-72　各类比赛屡创佳绩：
校级定向越野大赛

图 6-73　各类比赛屡创佳绩：
校级"三字一画"大赛现场

图 6-74　各类比赛屡创佳绩：
自治区汉语演讲大赛一等奖

图 6-75　各类比赛屡创佳绩：
自治区模特大赛一等奖

图 6-76　各类比赛屡创佳绩：
自治区模特大赛二等奖

图 6-77　各类比赛屡创佳绩：
自治区摄影大赛一等奖

图 6-78　各类比赛屡创佳绩：
自治区小品大赛特等奖

1. 校级比赛

校级比赛主要是学校根据留学生的学习兴趣和特点举办的一些接近留学生生活、学习的比赛，在比赛中让留学生感受、体验、实践文化教学。举办过的比赛有：新疆维吾尔自治区第三届外国人汉语及中华才艺大赛新疆师范大学选拔赛，新疆师范大学首届留学生汉语征文大赛暨新疆维吾尔自治区第三届外国人汉语暨中华才艺大赛新疆师范大学选拔赛，新疆师范大学第四届汉语大赛暨中央电视台 2014 全球汉语大赛选拔赛，第四届新疆外国人汉语及中华才艺大赛——"2014·我们行走在中国"演讲大赛新疆师范大学选拔赛，自治区第四届新疆外国人汉语及中华才艺大赛——"异域乡情"摄影大赛新疆师范大学选拔赛，"留学中国·唱响未来"——新疆师范大学第四届留学生汉语歌曲演唱大赛校级选拔赛，"霓衣羽裳秀华章"——新疆师范大学第三届留学生模特大赛，CCTV"汉语桥"在华留学生汉语大赛乌鲁木齐赛区选拔赛，新疆师范大学国际文化交流学院首届快乐汉语系列大赛——现代诗歌朗诵和快乐汉语，新疆师范大学国际文化交流学院中华才艺大赛（才艺涉及二胡、朗诵、武术、快板、京剧、国画、剪纸、书法等），新疆师范大学国际文化交流学院乒乓球比赛，新疆师范大学国际文化交流学院各国风情展示大赛，新疆师范大学国际文化交流学院汉语歌曲演唱大赛，新疆师范大学"校园十佳歌手大赛"。

2. 自治区级比赛

自治区级比赛是学院组织留学生参加由自治区教育厅主办或由我校主办自治区教育厅承办的各级各类比赛及各种演出活动。留学生从中不仅学到了不少的文化知识，还拓宽了眼界，感受到了中国文化中更深层次的精神。例如，汉语国际推广中亚基地揭牌典礼系列活动启动仪式暨"首届外国人汉语及中华才艺大赛"，中国·新疆国际武术邀请赛，中国新疆第五届国际沙漠徒步越野挑战赛，自治区第四届新疆外国人汉语及中华才艺大赛——"2014·我们行走在中国"演讲大赛，自治区第四届新疆外国人汉语及中华才艺大赛——"异域乡情"摄影大赛，2014中国新疆第六届国际沙漠越野挑战赛，第四届新疆外国人汉语及中华才艺大赛——"留学中国·唱响未来"汉语歌曲演唱大赛，以及第四届新疆外国人汉语及中华才艺大赛——"霓衣羽裳秀华章"模特大赛等。在这些比赛中，留学生们获得了非常优异的比赛成绩。

3. 国家级比赛及国际活动

国家级比赛是学院组织留学生参加由国家组织的各级各类比赛和留学生们赴各省区参加比赛，从中感受到了中国的地大物博和文化的丰富多样。

留学生赴国外的演出活动不仅是文化教学成果的展示，同时也是他们喜爱中国文化，知华、爱华、亲华的真情流露。

在"汉语桥"新疆赛区选拔赛中，两名选手进入北京举办的"汉语桥"决赛，其中一名进入全国40强，参加中央电视台汉语大赛，塔吉克斯坦留学生达列尔顺利晋级央视总决赛，并获得优异成绩。

教育部2012—2013年度"留动中国——在华留学生阳光运动文化之旅"新疆赛区选拔赛中，我校组建3支队伍参加比赛，并囊括新疆赛区前3名，顺利晋级西安九州赛，有2支队伍进入到青岛全国总决赛，成为全国27个院校当中唯一有2支队伍晋级全国赛的学校。这2支队伍最终都获得优秀奖，为学校、为新疆维吾尔自治区争得了荣誉，受到大赛主办方和其他参赛院校的一致好评。

（三）能积累并展示留学生才华的各类活动

在狠抓教学质量，注重留学生的中华文化体验的同时，我们还关注留学生们的精神需求。我们在文化活动层面开展了一系列的活动，例如"瓜果新疆，金秋盛宴"大型留学生联谊活动，"魅力先生，美丽小姐"的评选活动，新疆师范大学首届留学生书画剪纸作品展，新疆师范大学首届"有客远方来"留学生走入中国家庭活动，新疆师范大学留学生八一钢铁有限公司桃花农场植树活动，新疆籍华人华侨寻根之旅活动等。其中，"新疆籍华人华侨寻根之旅"是我院留学生教育的一个特色，主要针对新疆籍华人华侨子女，到目前为止，已有30多名新疆籍华人华侨子女参加了此项活动。

我院还组织留学生参加《乌鲁木齐晚报》举办的"联合国品火锅"活动，有40名留学生受邀参加了"联合国品火锅"活动。来自不同国度的留学生品尝了美味的火锅，亲身感受了中国饮食文化带来的乐趣。

我院还组织留学生参加中国人的婚礼，体验中国人的民俗文化。

（四）直接与电视媒体接触

我院积极选派留学生赴新疆电视台录制专题节目。留学生艺术团受邀去新疆电视台录制了两期面向全国播放的专题分别为"在那遥远的地方"和"2012，一切从新开始"的节目；选派留学生随新疆师范大学健美操队，参加中央电视台体育频道健康舞蹈系列节目的录制，节目在中央电视台体育频道播出；选派留学生参加新疆电视台举办的"非常考验"活动。利用假期让留学生感受中国壮丽的自然风光，感受新疆雪域高原的魅力，挑战自我。

六、建立文化实践平台

在"一带一路"倡议的指引下，我院紧紧围绕"人文关爱、科学管理、文化体验、专业实践"的办学思路，传承重视教学团队建设和人才培养的传统，积极为在校留学生搭建文化实践平台。平台的主要形式是与企业建立文化实践基地和专业实践基地。（见图6-79至图6-91）

自2009年7月新疆师范大学国际文化交流学院成立以来，与新疆各类文化场馆联系共建留学生文化实践基地6个，并结合文化基地的特色，开展各类文化活动。

为使留学生教育事业持续健康稳步发展，我们不断开拓创新，走出校园，走向社会，在相关的企事业单位建立了留学生专业实践基地，让留学生将理论知识与实践相结合，联合社会各界力量，积极推进自治区留学生教育事业向更高层次发展。我院自成立以来，先后与新疆生产建设兵团乌鲁木齐工业园区等知名企业建立汉语专业实践基地。在留学生汉语专业实践基地建设方面，我们本着弘扬优秀传统文化、开展全方位语言交流的宗旨，在大力加强留学生语言实践课程的基础上，积极走出校门与各企业建立联系，使我校留学生学有所长，学以致用。

图 6-79　在专业实践基地
阿塞拜疆航空公司实习

图 6-80　在专业实践基地新疆
生产建设兵团乌鲁木齐工业园实习

图 6-81　在专业实践基地
某商务咨询公司实习

图 6-82　在专业实践基地
解放军外国语学院昆山校区实习

图 6-83　在专业实践基地
某工程技术公司实习

图 6-84　在专业实践基地
乌鲁木齐市工业园实习

图 6-85　在专业实践基地某投资公司实习

图 6-86　在专业实践基地某外贸公司实习

图 6-87　在专业实践基地某医药公司实习

图 6-88　在专业实践基地某文化发展公司实习

图 6-89　在文化实践基地某相声巴扎实习

图 6-90　在文化实践基地某农场实习

图 6-91　在文化实践基地亚心网实习

第五节　面向中亚留学生的文化教学成效

自 20 世纪 80 年代至今，新疆师范大学的留学生教育经历了筚路蓝缕的艰辛历程。学院注重留学生的文化教学，不但在日常教学中加强文化方面，还尽量安排各类外出参观。自 2009 年 7 月起，新疆师范大学国际文化交流学院委任音乐教育专业毕业的教师专门负责留学生的文化教学和演出，经过八年时间，新疆师范大学的留学生文化教学在全国异军突起。目前，新疆师范大学汉语国际教育已经在全国高校中表现出在文化特色教学与中亚留学生培养管理方面的较强实力。

本着"人文关爱、科学管理、文化体验、专业实践"的办学思路，我们为中亚留学生教育搭建了文化实践平台。

我们在"体验—理解—接纳—融入"的文化教学原则和教学思路中，在润物细无声的潜移默化中，让留学生们在参与各项中华文化的实践过程中，体会中华文化的博大精深，加深其对中华文化的喜爱，自觉主动地学习并推广中华文化。

历经八年的文化教学探索、改革、发展与创新，新疆师范大学的文化教学成果以成立合唱团、艺术团，组织汇报演出，参加各级各类比赛，开展系列文化活动，直接与电视媒体接触，建立文化实习实践基地等形式呈现出来。

体验是打破文化壁垒、消弭文化隔阂的第一步，通过体验，之前所有负面的宣传和认识，统统不攻自破。留学生来这里，体验的文化是全方位的，既有文学艺术方面的，也有民俗人情方面的，中国人的热情、真诚、友善、宽容，伴随留学生们在这里生活的每一天。当然，留学生们还会体验到规矩和原则。在这里，中国的法律法规、新疆师范大学的校纪校规是绝对不容忽视和冒犯的。在严格的管理实施的过程中，仍渗透着老师们的真诚与友善。通过体验，留学生们知道了怎样才是互相尊重，怎样才能以中国人接受的方式获得中国人的尊重和友谊，懂得了怎样才能获得中国人的热情与宽容，知道了怎样才能真正实现"入境问俗""入乡随俗"。

理解是体验之后的自然过程。通过体验，留学生们慢慢理解了中国文化，理解了中国社会，理解了中国人的喜怒哀乐源自什么。有了理解，留学生才会真正爱上这里，爱上中国的文化，爱上中国的气息。

接纳是文化融入的讯息，每一种文化，都有其对美好事物的追求与评价标准。人类在童年时期，在思想史的发展过程中，曾经经历了惊人的相似性和一致性。不管民族、信仰是否相同，我们对于"真、善、美"的追求是一致的，我们总会选择那些美好、善良的思想，丰富我们已有的文化和思想。正如在当今世界，距今 2500 多年的孔子的思想"己所不欲，勿施于人"已经成为联合国处理国际争端的原则之一。在大多数人都希望和平的世界里，热爱美好事物的心态和愿望，是息息相通的。只有通过体验，才能够理解；只有理解，才能够接纳。当然，只有善良、美好的，才能够被接纳。

融入，是文化交流的体现。在保护文化纯粹性的同时，海纳百川，才能够使自己的文化充满活力并有进步的可能。想要真正掌握一门外语，对这门外语背后起支撑作用的文化，一定要采取积极融入的态度。当然，融入程度的高低，因人而异，这也直接影响到对这一语言掌握程度的高低。通过文化体验，达到文化理解、文化接纳，最终实现文化融入，培养更多知华、友华、亲华的国际友人，这是我们汉语教学和文化教学的目的与希望。

文化教学的精彩呈现，吸引了更多喜欢中国文化的留学生来新疆师范大学留学。有的留学生回国后，成为自己国家的歌星和影星，这其中，他的汉语能力和中华文化素养也成为他在自己国家受到追捧的原因之一。他以自己在新疆师范大学的学习经历，专门为新疆师范大学的留学生教育宣传代言。有的留学生，毕业后留校任职，工作三年后，成为"中国通"，回国后，进一步受聘进入政府机关，念念不忘新疆师范大学对他的培养……多年来，新疆师范大学培养了许许多多这样的留学生，他们已成为中外交流的友谊桥梁。

经过八年的努力，新疆师范大学已经成为中亚留学生学习汉语的理想学校，在全国的中亚留学生教育方面独具特色。今后，新疆师范大学在汉语国际推广的事业中，定能不负众望，再创辉煌。

参考文献

北京语言文化大学汉语水平考试中心，2000. 汉语 8000 词词典[M]. 北京：语言文化大学出版社.

北京语言学院语言教学研究所，1986. 现代汉语频率词典[M]. 北京：北京语言学院出版社.

卞觉非，1999. 汉字教学：教什么？怎么教？[J]. 语言文字应用（1）：71-76.

曹少丽，2012. 浅谈对外汉语中的文化教学[D]. 郑州：郑州大学：8-13.

柴玉炜，2013. 浅析语言教学和文化教学的融合[J]. 广东农工商职业技术学院学报（1）：49-51，62.

程棠，2000. 对外汉语教学目的原则方法[M]. 北京：华语教学出版社：56-63.

崔岑岑，侯博，2008. 留学生汉字书写偏误举隅分析[J]. 现代语文（4）：32.

崔静，闫丽萍，2011. 来疆中亚留学生汉语学习策略调查与分析[J]. 语言与翻译（4）：67-70.

崔永华，1997. 词汇、文字研究与对外汉语教学[M]. 北京：北京语言文化大学出版社.

董芳芳，2010. 初中级阶段中亚留学生汉字偏误调查分析[D]. 乌鲁木齐：新疆师范大学.

董秋瑾，2012. 汉语国际教育硕士专业学位外国留学生培养现状研究[D]. 乌鲁木齐：新疆师范大学.

杜桂枝，2006. 论语言意识[J]. 外语学刊（4）：1-5.

范祖奎，2009. 中亚留学生汉字学习特点调查分析[J]. 民族教育研究

（3）：118.

范祖奎，黄莉，2010. 初级阶段中亚留学生汉字书写偏误分析[J]. 伊犁师范学院学报（3）：75-78.

葛本仪，2004. 论词汇静态、动态形式的结合研究[J]. 山东大学学报（6）：37-41.

桂诗春，2000. 新编心理语言学[M]. 上海：上海外语教育出版社：152.

郭锐，1997. 过程和非过程——汉语谓词性成分的两种外在时间类型[J]. 中国语文（3）：163.

国家对外汉语教学领导小组办公室汉语水平考试部，1992. 汉语水平词汇与汉字等级大纲[M]. 北京：北京语言学院出版社：19.

国家语言文字工作委员会汉字处，1988. 现代汉语常用字表[M]. 北京：语文出版社.

贺桃，2009. 俄罗斯及中亚留学生汉语语音偏误分析及对策研究[D]. 乌鲁木齐：新疆大学.

红娟，2006. 李朋义：厉兵秣马"抢滩"对外汉语出版[N]. 中华读书报，2006-08-23（6）.

胡炯梅，2016. 跨文化交际中折射出的文化差异研究——基于中亚留学生的跨文化交际案例分析[J]. 云南师范大学学报（对外汉语教学与研究版），14（3）：86-92.

胡裕树，范晓，1993. 试论语法研究的三个平面[J]. 语言教学与研究（2）：14.

黄伯荣，廖序东，2002. 现代汉语：上册[M]. 3版. 北京：高等教育出版社：12.

黄莉，2013. 中亚留学生汉语标点符号偏误分析[J]. 民族教育研究，24（1）：116-122.

纪永祥，1985. 语素与语素教学[J]. 青海师专学报（2）：33-38.

金立鑫，2003. 趋向补语和宾语的位置关系[C]//赵金铭. 对外汉语研究的跨学科探索. 北京：北京语言大学出版社：118-134.

金枚，2015. 对外汉语文化教学原则略论[J]. 赤峰学院学报（汉文哲学社会科学版），36（7）：260-261.

　　柯彼德，1997. 汉字文化和汉字教学[C]//《第五届国际汉语教学讨论会论文选》编辑委员会. 第五届国际汉语教学讨论会论文选. 北京：北京大学出版社.

　　孔雪晴，2011. 中亚留学生学习需求分析[J]. 长江大学学报（社会科学版），34（9）：163-164.

　　孔子学院总部，2014. 孔子学院 10 年发展回顾[J]. 公共外交季刊（6）：1-6.

　　黎凡，2011. 对外汉语教学中文化教学的内容及策略[D]. 武汉：华中科技大学：26-30.

　　李冬梅，2014. 对外汉语"文化课"教学模式初探[C]//张福贵. 华夏文化论坛（第十二辑）. 长春：吉林文史出版社：229-235.

　　李冬艳，2016. 俄语翻译中的语言意识问题[J]. 边疆经济与文化（10）：149-150.

　　李红，1998. 试论对外汉语教学中的跨文化交际意识[J]. 陕西师范大学学报（哲学社会科学版），27（S1）：286-288.

　　李泉，2007a. 对外汉语语法教学研究综观[J]. 语言文字应用（4）：71.

　　李泉，2007b. 文化教学的刚性原则和柔性策略[J]. 海外华文教育（4）：11-16.

　　李小荣，1994. 对述结式带宾语功能的考察[J]. 汉语学习（5）：33.

　　李晓东，2010. 中亚留学生离合词使用偏误分析[D]. 乌鲁木齐：新疆师范大学.

　　李晓琪，2006. 对外汉语文化教学研究[M]. 北京：商务印书馆.

　　李鑫，2013. 对外汉语教学学科体系中的文化教学原则与策略研究[J]. 汉语应用语言学研究（1）：140-147.

　　李亚晴，2013. 初级阶段中亚留学生汉语补语的习得偏误分析[D]. 兰州：兰州大学.

　　梁焱，2010. 新疆高校中亚留学生汉语学习需求调查研究——以新疆大学为例[J]. 新疆大学学报，38（1）：138-142.

廖智宏，2005. 对外汉语教学文化的导入[J]. 广西民族学院学报（哲学社会科学版）（S2）：312-314.

林华，2009."汉语热"让世界触摸中国[J]. 观察与思考（8）：35-36.

林焘，1996. 语音教学和对外汉语教学[J]. 世界汉语教学（3）：19.

林焘，2001. 林焘语言学论文集[M]. 北京：商务印书馆.

刘晨，2012. 中亚留学生汉语黏合式补语使用偏误分析[D]. 乌鲁木齐：新疆师范大学：45.

刘菲，2013. 孔子学院遍全球[N]. 人民日报（海外版），2013-12-09（4）.

刘宏宇，贾卓超，2014. 来华留学生跨文化适应研究——以来华中亚留学生为个案[J]. 中央民族大学学报，41（4）：171-176.

刘伟乾，2010. 词语的理据与词汇教学[J]. 徐州师范大学学报（教育科学版）（5）：60.

刘伟乾，巴哈尔古丽·乌甫尔，2015. 中亚留学生汉字书写笔画偏误分析[J]. 双语教育研究，2（2）.

刘珣，1997. 对外汉语教学概论[M]. 北京：北京语言文化大学出版社：170.

刘珣，2000. 对外汉语教育学引论[M]. 北京：北京语言文化大学出版社.

刘珣，2002. 汉语作为第二语言教学简论[M]. 北京：北京语言文化大学出版社：174.

刘奕湛，2016.教育部：2015 年全国各类外国留学人员近 40 万[EB/OL].[2016-04-14]http://education.news.cn/2016-04/14/c_1118626405.htm.

卢福波，2004. 对外汉语教学语法研究[M]. 北京：北京语言大学出版社：99.

卢福波，2008. 语法教学的基本原则与操作方法[J]. 语言教学与研究（2）：24-31.

鲁健骥，1984. 中介语理论与外国人学习汉语的语音偏误分析[J]. 语言教学与研究（3）：47.

鲁健骥，1999. 对外汉语教学思考集[M]. 北京：北京语言文化大学出版社：76.

陆俭明，2005. 对外汉语教学与汉语本体研究的关系[J]. 语言文字应用（1）：61.

陆俭明，2006. 对外汉语教学展望（节选）[J]. 现代语文（语言研究版）（6）：111.

陆跃伟，2010. 初级阶段留学生汉语写作偏误分析及教学建议[J]. 语文学刊（外语教育与教学）（2）：143-145.

吕叔湘，1979. 汉语语法分析问题[M]. 北京：商务印书馆.

吕叔湘，1983. 怎样学习语法[M]//吕叔湘. 吕叔湘语文论集. 北京：商务印书馆.

吕叔湘，1992. 未晚斋语文漫谈[M]. 北京：语文出版社：35-36.

吕文华，1999. 对外汉语教学语法体系研究[M]. 北京：北京语言文化大学出版社.

孟柱亿，1997. 韩国汉语教学的特点和问题——兼说汉字对韩国学生的正负迁移[C]//《第五届国际汉语教学讨论会论文选》编辑委员会. 第五届国际汉语教学讨论会论文选. 北京：北京大学出版社：582-587.

齐春红，2005. 对外汉语教学词汇搭配研究[J]. 云南师范大学学报（对外汉语教学与研究版），3（2）：18-23.

萨丕尔，1964. 语言论[M]. 北京：商务印书馆：221.

单晓薇，2013. 以体验为核心的文化教学研究理论基础与教学设计[D]. 济南：山东大学：49-50.

施光亨，1994. 对外汉语是一门新型的学科[M]. 北京：北京语言文化大学出版社：74.

石定果，1997. 汉字研究与对外汉语教学[C]//《第五届国际汉语教学讨论会论文选》编辑委员会. 第五届国际汉语教学讨论会论文选. 北京：北京大学出版社：37.

苏培成，1994. 现代汉字学纲要[M]. 北京：北京大学出版社.

孙德金，2006. 对外汉语词汇及词汇教学研究[M]. 北京：商务印书馆.

王建勤，1997. 汉语作为第二语言的习得研究[M]. 北京：北京语言文化大学出版社.

王建勤，2009. 第二语言习得研究[M]. 北京：商务印书馆.

王宁，2002. 汉字构形学讲座[M]. 上海：上海教育出版社.

王乾，2010. 法国汉语热空前高涨 汉语教学现空前蓬勃发展[EB/OL]. [2010-08-27]https://world.huanqiu.com/article/9CaKrnJopw5.

邢福义，2002. 漫谈语言与文化的关系[J]. 中学语文（2）：4.

徐枢，1991. 回顾与展望：试谈 80 和 90 年代的现代汉语语法研究[J]. 语言教学与研究（4）：13.

徐子亮，2000. 对外汉语教学的模式匹配[J]. 汉语学习（2）：54-59.

薛慧，2015. 乌鲁木齐职业大学中亚留学生教育发展现状及分析[J]. 高教学刊（21）：5-6，11.

颜瑛，2015. 对外汉语文化教学的原则分析[J]. 鸭绿江（下半月版）（5）：1667.

杨惠元，2007. 课堂教学理论与实践[M]. 北京：北京语言大学出版社.

杨寄洲，1999. 汉语教程：第一册（上）[M]. 北京：北京语言文化大学出版社.

杨韵韵，2014. 新疆作为中亚留学生汉语学习目的地的 SWOT 分析[J]. 新疆大学学报（哲学·人文社会科学版），42（1）：153-156.

易红，2009. 中亚留学生汉语学习风格调查研究[D]. 乌鲁木齐：新疆师范大学.

詹人凤，1989. 动结式短语的表述问题[J]. 中国语文（2）：105-112.

张慧，2012. 中亚留学生汉语学习目的的调查分析[J]. 新疆大学学报，40（4）：145-148.

张丽，吴晓永，赵炜，2013. 新疆对外汉语师资队伍的现状调查及发展对策研究[J]. 民族教育研究，24（3）：118-123.

张瑞，2013. 来华中亚留学生对中国文化需求分析研究[J]. 新疆社会科学（9）：81-84.

张旺熹，1999. 汉语特殊句法的语义研究[M]. 北京：北京语言文化大学出版社：206.

赵金铭，1994. 教外国人汉语语法的一些原则问题[J]. 语言教学研究（2）：9.

赵金铭，1996a. 对外汉语语法教学的三个阶段及其教学主旨[J]. 世界汉语教学（3）：75.

赵金铭，1996b. 对外汉语教学与研究的现状与前瞻[J]. 中国语文（6）：448.

赵金铭，1997a. 对外汉语教材创新略论[J]. 世界汉语教学（2）：54-61.

赵金铭，1997b. 语音研究与对外汉语教学[M]. 北京：北京语言文化大学出版社.

赵金铭，2001. 对外汉语研究的基本框架[J]. 世界汉语教学（3）：3-11.

赵贤州，1992. 关于文化导入的再思考[J]. 语言教学与研究（3）：31-39.

赵永亮，2002. 浅谈汉语教学中文化教学的基本原则[J]. 语言与翻译（3）：73-74.

赵元任，1980. 语言问题[M]. 北京：商务印书馆：157.

郑超，2016. 全球已经成立 510 家孔子学院[N]. 北京晨报，2016-11-17（B15）.

周殿生，2005. 新疆的对外汉语教学特点与策略探讨[J]. 语言与翻译（4）：63-66.

周殿生，靳焱，梁明晰，2013. 中亚留学生汉语学习动机成分调查分析[J]. 新疆大学学报，41（5）：135-139.

周健，2004. 论汉语教学中的文化教学及教师的双文化意识[J]. 语言与翻译（1）：64-67.

周健，2007. 汉字教学理论与方法[M]. 北京：北京大学出版社.

周旎，2012. 在对外汉语教学中传播中国文化的教学方式探索——以泰国初级汉语教学为例[D]. 南宁：广西大学：25-28.

周思源，1997. 对外汉语教学与文化[M]. 北京：北京语言文化大学出版社.

周小兵，李海鸥，2004. 对外汉语教学入门[M]. 广州：中山大学出版社：4.

朱纯，1994. 外语教学心理学[M]. 上海：上海外语教育出版社：186.

朱德熙，2002. 语法讲义[M]. 北京：商务印书馆：46.

左民安，2006. 细说汉字[M]. 北京：九州出版社：48.